中国高校体育教育本质论研究

周蜜蜜◎著

文化发展出版社
Cultural Development Press
·北京·

图书在版编目（CIP）数据

中国高校体育教育本质论研究 / 周蜜蜜著 . — 北京 : 文化发展出版社，2023.12

ISBN 978-7-5142-4287-4

Ⅰ . ①中… Ⅱ . ①周… Ⅲ . ①高等学校 - 体育教学 - 教学研究 - 中国 Ⅳ . ① G807.4

中国国家版本馆 CIP 数据核字 (2024) 第 025177 号

中国高校体育教育本质论研究

周蜜蜜　著

出 版 人：宋　娜

责任编辑：袁兆英　　　责任校对：岳智勇

责任印制：邓辉明　　　封面设计：谢婉莹

出版发行：文化发展出版社（北京市翠微路 2 号　邮编：100036）

网　　址：www.wenhuafazhan.com

经　　销：全国新华书店

印　　刷：天津和萱印刷有限公司

开　　本：710mm × 1000mm　1/16

字　　数：205 千字

印　　张：10.25

版　　次：2025 年 1 月第 1 版

印　　次：2025 年 1 月第 1 次印刷

定　　价：72.00 元

I S B N：978-7-5142-4287-4

◆ 如有印装质量问题，请电话联系：010-58484999

前　言

随着社会的发展和教育改革的深入，体育教育在全球范围内受到了前所未有的关注。在中国，高等教育体系中的体育教育尤为显著，它不仅关乎学生的身体健康，更涉及国民素质的提升和社会文化的传承。本书《中国高校体育教育本质论研究》旨在深入探讨中国高校体育教育的本质，分析其在现代中国社会中的地位和作用。在本书中，采用了多种研究方法，包括历史分析、文献回顾、比较研究和实证研究，以期全面解读中国高校体育教育的核心要素。本书还参考了国际上的相关研究，以期将中国的实践放在全球视野下进行考量。本书的核心观点是，高校体育教育不仅是一种身体训练的过程，更是一种文化和社会价值观的传递。在研究中国高校体育教育的历史和现状的同时，本书还着重探讨了如何通过体育教育培养学生的团队精神、领导能力和社会责任感。作为一名长期从事体育教育研究的学者，作者深感探讨高校体育教育的本质对于推动该领域的理论和实践发展具有重要意义。

在内容上，本书共五章，第一章为现象学与体育研究的耦合，分别分析了现象学的本质及其特定倾向、现象学体育研究的范式，以及现象学与体育概念的本质研究；第二章为中国高校体育教育的历史与现状，依次阐述了中华人民共和国成立前高校体育教育回望、中华人民共和国成立后高校体育教育的历程，以及新时代体育教育的纲领三部分内容；第三章为中国高校体育教育的主客体模式及其问题，分为中国高校体育教育中的主客体模式、中国高校体育主客体教育模式的优势与不足以及存在问题的表征；第四章为基于现象学对于高校体育教育的本真理解，依次分析了基于现象学对于高校体育教育理念以及教育教学方式的本真理解；第五章为现象学视角下中国高校体育教育本真塑造的实践路径，分为四个小节，分别为从主客体到主体间：生成“身体主体”的具身性教学理念、从间隔化到融合式：开启“身体思维”的具身性教学方式、从独白式到对话式：推行“身体间性”的具身性教学方法、从定制型到生成性：创造“身体生成”的具身性教学成果。

在此，作者要感谢所有支持和参与本书的同事、学生和专家，没有他们的贡献，这本书是不可能完成的。但由于作者水平有限，书中难免会有疏漏之处，希望广大同行及时指正。最后，愿本书能激发更多关于体育教育本质的讨论，促进高校体育教育在中国乃至全球范围内的发展和创新。

目　录

第一章　现象学与体育研究的耦合

本章主要对现象学与体育进行了研究，分为三个小节，第一节为现象学的本质及其特定倾向，第二节为现象学体育研究的范式，第三节为现象学与体育概念的本质研究。

第一节　现象学的本质及其特定倾向

一、现象学的本质

现象学作为一种哲学方法论，其核心在于深入探索和描述人们的意识和经验。这种方法论特别关注事物在人们意识中的呈现方式，尤其是在人们的日常生活中。它不仅仅关注对经验的表面描述，更重要的是探讨这些经验是如何形成人们对世界的认知和理解的。

在体育领域的应用是现象学多维度探讨的一个典型例子。现象学不将体育活动仅视为一系列身体运动，而是深入探讨这些活动如何被运动员和观众感知。这种探讨包括理解体育活动在个人意识中如何形成独特的意义，以及它们是如何超越物理运动，影响人们的感觉、情绪和认知的。例如，一场足球比赛不仅仅是球员之间的竞技，它还可能是一种社会身份的象征，或者是观众情感参与的方式。

现象学家在研究体育时，不仅仅关注运动技巧或比赛规则这些物理层面，更多地关注这些活动是如何被体验的，以及它们对人们感觉和情绪的影响。这种方法论使得现象学家能够理解体育活动不只是一种身体运动，还是一种复杂的社会和文化现象，它反映了人类行为、社会结构和文化价值。

现象学提供了一种深入探索和理解我们日常经验的方法，强调了直接体验和意识在我们对世界的认知形成中的重要性。通过这种方式，现象学不仅能够帮助我们更深刻地理解个人的行为和活动，还能够揭示这些行为和活动在个人和社会层面上的深层意义。

二、现象学的特定倾向

（一）建构主义

建构主义在现象学领域提出了一个核心观点：知识和现实是通过我们的社会互动和文化参与不断构建和发展的，而非预先存在的固定实体。这个观点强调了个体和社会之间的相互作用对我们理解世界的重要性。在这种理论框架下，我们的世界观、知识和现实观念都是在不断的社会和文化互动中形成和发展的。

在体育领域，建构主义的应用体现在对体育活动和运动的理解上。它不将体育活动仅视为一系列物理动作或竞技规则，而是将其视为社会和文化背景下的产物。这意味着，体育活动被看作一种社会实践和文化表达，它们不仅仅是身体运动，更是文化和社会价值的一种体现。例如，不同的文化和社会群体可能会对同一种体育活动有着完全不同的理解和实践方式。比如，足球在不同国家和文化中可能被看作民族骄傲的象征、一种社会团结的工具，或者仅仅是一种娱乐方式。这种多样性展示了体育活动是如何被不同文化和社会所构建，以及它们是如何反映出特定社会和文化背景下的价值观和理念的。

从建构主义的角度看，体育不仅是一种物理活动，更是一种文化和社会现象，它反映了人类社会的多样性和复杂性。通过这种视角，我们能够更深入地理解体育在不同文化和社会中的意义，以及它是如何在不断的社会互动和文化参与中被赋予新的形式和意义的。

（二）诠释主义

诠释主义在现象学中的应用着重于深入理解文本、行为或事件的深层次含义。这种方法论不仅关注表面的现象或直接的观察结果，而且试图揭示更深层次的意义和背后的动因。在体育领域，诠释主义的应用可以极大地丰富我们对体育活动的理解，包括对运动员的动机、观众体验以及体育活动在不同文化中的意义的深入探讨。

诠释主义可以帮助我们理解运动员参与体育活动的真实动机。这些动机可能超越了简单的竞赛和身体锻炼，可能包括对荣誉的追求、个人或团队对成就的渴望、社会认同感的体现，甚至是个人生活经历和情感表达的一种方式。对于观众来说，诠释主义可以帮助我们理解观众体验的多样性和复杂性。观众对体育活动的感知和体验可能与其个人背景、文化认同以及与特定运动相关的历史和社会情境密切相关。例如，对一些观众而言，观看一场足球赛可能不仅仅是欣赏运动技巧，更可能是一种社会活动、与家人朋友共享的时光，或者是对某个团队忠诚和支持的表达。

诠释主义在体育领域的应用还能帮助我们理解体育活动在不同文化中的独特意义。不同的文化可能会赋予同一体育活动不同的意义和价值。例如，在一些文化中，某种体育活动可能被视为一种重要的社会仪式，而在另一些文化中，则可能被看作休闲和娱乐的方式。

诠释主义为我们提供了一种深入探讨和理解体育活动背后深层次含义的工具。通过这种视角，我们可以更全面地理解体育活动不仅仅是一场竞技比赛，而是蕴含着丰富的文化、情感和社会价值的复杂现象。

（三）存在主义

存在主义在现象学中的应用着重于探讨个体的存在、自由和选择，这在体育领域中表现为对运动员个人身份的探索和自我表达的关注。存在主义强调个体的主体性和独特性，这意味着在体育活动中，每个运动员不仅是技巧和体能的展现者，更是自己人生故事和个人价值观的表达者。

在体育领域中，存在主义可以帮助我们理解运动员如何通过体育活动来表达自我。每个运动员的参与不仅仅是为了竞技或胜利，也可能是一种对个人身份、信念和价值观的探索和表达。例如，一个运动员可能选择某个特定的运动项目，不仅因为他们在技术上的适应，而是因为那个运动对他们个人有特别的意义，比如代表了一种挑战精神、个人成长的象征，或者与其个人经历和背景紧密相连。

存在主义还探讨了体育作为实现个人自由和身份认同的途径。体育活动可以成为个体表达自由意志、追求卓越和展示个性的平台。在竞技场上，运动员通过自己的表现来体现个人的决策、自我控制和独立性。例如，一名运动员在比赛中的策略选择、面对困难时的应对方式，甚至是对失败的反应，都可以被看作他个人身份和性格的反映。

存在主义的这种视角揭示了体育活动不仅仅是身体运动的集合，更是个体自我实现和表达的重要领域。它强调了运动员作为独立个体在体育活动中的主体性，以及这些活动如何成为他们展现个人特质、追求目标和表达自由意志的舞台。通过这种方式，存在主义为我们提供了一个深入理解体育活动中个人角色和价值的新视角。

第二节 现象学体育研究的范式

一、身心研究范式

（一）胡塞尔先验现象学的身心观

埃德蒙德·胡塞尔（Edmund Husserl）的先验现象学对于身心经验的理解提出了一种深刻的视角。他认为，我们的经验不仅仅是由外在事件直接引起的，而且深受我们过去的经验和知识的影响。胡塞尔强调，要真正理解经验，我们需要考虑到这些先验知识对我们感知和认识世界的方式的影响。

在体育研究中，胡塞尔的身心观可以被用来探讨运动员的身体感知和意识状态之间的复杂互动。例如，运动员在比赛中的表现不仅仅受到他们的身体状况和技术能力的影响，还受到他们先验知识和经验的深刻影响。运动员可能会根据他们对比赛规则、对手风格，以及以往比赛经验的理解来作出反应。

胡塞尔的先验现象学在体育中的应用尤其突出了运动员如何基于他们的先验知识和经验来解读比赛环境，以及这些知识如何影响他们的心理和生理。例如，一名经验丰富的足球运动员在比赛中可能会更快地解读对手的策略，并据此做出反应，这不仅仅是因为他的身体技能，还因为他的知识和经验使他能够更深刻地理解比赛的各种可能性。胡塞尔的观点也强调了意识状态对身体经验的影响。例如，一个运动员的自信心、专注力和情绪状态可以显著影响他们的身体表现和比赛结果。这种身心互动是理解运动员表现的关键，它超越了纯粹的物理训练和技能，涉及更深层次的心理和认知因素。

胡塞尔的先验现象学为我们提供了一种理解运动员身体感知和意识状态互动的复杂框架。它强调了运动员如何将先验知识和经验融入他们的体育表现中，以及这些因素如何共同影响他们的心理和生理状态。通过这种视角，我们可以更全面地理解运动员在比赛中的表现，以及他们如何在心理和身体层面上应对竞技挑战。

（二）海德格尔存在主义的身心观

马丁·海德格尔（Martin Heidegger）的存在主义哲学在体育领域的应用提供了一种独特的视角，用于理解运动员如何通过体育活动来表达自己的存在和身份。海德格尔的思想强调个体存在的主观性和自我实现的重要性，这在体育中尤其明显，因为体育活动不仅是身体技能的展示，更是个人身份和存在方式的体现。

在海德格尔的视角下，运动员通过参与体育活动，不仅仅是在追求体育竞技的胜利或卓越，更是在通过这一过程探索自我、表达个人价值观和实现自我目标。例如，一个长跑运动员可能将长跑看作是一种对个人极限的挑战，一种自我克服和自我实现的过程。在这个过程中，跑步不仅是身体运动，更是成为一种体现个人决心、耐力和毅力的方式。

此外，海德格尔的身心观还强调了个体在体育活动中的自主性和选择的重要性。运动员选择参与特定的运动，实际上是在选择一种特定的生活方式和自我表达的方式。这种选择反映了他们对自己身份和存在的理解。例如，一名篮球运动员可能将篮球视为一种艺术形式，通过篮球比赛来表达他对这种艺术的热爱和对竞技美学的追求。

海德格尔的观点还可以用于解释体育活动如何成为运动员面对生活挑战和实现自我成长的平台。在体育竞技中，运动员不仅要面对身体和技术上的挑战，还要面对心理和情感上的挑战，如面对失败的勇气、维持竞技状态的毅力和在压力下的心理调整。这些挑战和应对策略是运动员个人成长和自我实现的重要部分。

海德格尔的存在主义视角为我们提供了一个深刻理解运动员如何通过体育活动来表达和实现自己的存在和身份的框架。它强调了体育活动不仅仅是身体层面的挑战，更是个人自我实现、自我表达和生活方式选择的重要领域。通过这种方式，体育成为运动员探索自我、实现个人价值和目标的一个重要途径。

（三）梅洛－庞蒂的“肉体”身心观

莫里斯·梅洛－庞蒂（Maurice Merleau-Ponty）在其哲学思想中提出了“肉体”这一概念，它在体育领域的应用具有深远意义。梅洛－庞蒂的“肉体”观强调身体和意识之间不可分割的联系，认为我们的身体不仅是物理存在，还是我们体验世界和表达自我认识的媒介。

在体育研究中，这个观点可以用来深入探讨运动员如何通过身体感知和运动体验与外部世界互动。例如，运动员在运动中的身体感觉、动作和反应不仅仅是对物理刺激的回应，还是他们与周围环境建立联系和理解自身存在的一种方式。运动员的每一个动作、每一次呼吸、每一次肌肉的紧张都不仅仅是物理现象，更是他们体验世界和表达自己的方式。

梅洛－庞蒂的“肉体”身心观也强调了身体的主动性和感知的重要性。在体育活动中，运动员的身体不是被动执行动作的工具，而是主动感知、回应和与世界互动的主体。这意味着运动员在比赛或训练中的身体经验是他们理解自己和周围世界的关键。例如，一名舞蹈运动员通过舞蹈动作来体验音乐、空间并进行自我表达，这些都是身体与意识紧密结合的体现。梅洛－庞蒂的“肉体”观也帮助我们理解运动员如何在运动中体验和表达自己的身份和情感。在体育领域中，运动员的身体动作不仅仅传达了技术和策略，更是他们个性、情感和态度的表达。运动员的身体成为他们与世界沟通和表达自我认识的媒介。

梅洛－庞蒂的“肉体”身心观为我们提供了一种理解运动员身体和意识互动的深刻框架。它强调了运动员的身体不仅是进行体育活动的工具，更是他们感知世界、理解自我和表达个人身份的方式。通过这种视角，我们可以更深入地理解运动员的运动体验不仅是身体的，而且是情感的、认知的。

二、具身性研究范式

具身性研究范式在现象学领域中，特别强调身体是经验和认知的中心。这一范式认为，身体不仅是我们与世界互动的物理介质，还是我们感知、认识和理解世界的基本方式。

（一）具身性研究作为一种现象学研究范式

具身性研究作为现象学研究的一个重要范式，将身体视为认知和经验的中心。在这个范式下，身体不仅仅被看作进行物理活动的工具，更被理解为个体与世界互动、感知和理解环境的基础。这种观点特别强调身体感知和动作在形成个体经验和认知中的重要性。

在体育领域，具身性研究的应用使我们能够深入理解运动员的身体运动不只是一系列机械性动作，还是他们与外部世界交互、表达情感和经验的方式。例如，运动员在比赛中的每一个跳跃、每一个转身、每一次加速不仅是身体技巧的展示，还是他们理解比赛、表达决心和情感的体现。这些身体动作和感知是运动员与比赛环境互动的一部分，是他们体验比赛的方式。

在具身性研究范式下，运动员的身体经验被看作理解他们行为的关键。这些经验融合了感觉、情感和认知过程。例如，一名篮球运动员在投篮时不仅需要身体的协调和力量控制，还需要感知空间、判断时机并快速作出决策。这些过程涉及身体和心理的紧密结合，显示了身体不仅是行动的执行者，更是经验的积累者和决策的参与者。

此外，具身性研究也关注身体经验是如何影响运动员的情感和认知的。在体育活动中，运动员的身体感知和动作不仅影响他们对比赛的理解，还影响他们的情感状态，如紧张、兴奋或自信。这些情感状态反过来又影响他们的身体表现，形成一个复杂的身心互动循环。

具身性研究作为一种现象学研究范式，为我们提供了一种深入理解个体如何通过身体与世界互动的框架。在体育领域，这种范式帮助我们理解运动员的身体运动不仅是技术的展示，更是他们感知、表达和体验世界的重要方式。通过这个视角，我们可以更全面地理解运动员的身体经验如何整合感觉、情感和认知，以及这些经验如何在体育表现和个人发展中发挥作用。

（二）具身性研究作为一种体育研究范式

具身性研究作为体育研究的一个范式，提供了一种深刻的理解角度，将运动员的身体视为体验世界、表达自我和建立身份的核心。这一范式超越了传统的对身体作为单纯运动工具的看法，强调身体在个人经验和认同构建中的重要作用。

1．身体作为体验世界的中介

在具身性研究的视角下，运动员的身体不仅是进行体育活动的工具，更是他们与外部世界互动的重要媒介。这种理解强调了身体感知——如视觉、听觉、触觉和运动感知——在运动员执行体育活动和理解环境中的核心作用。例如，在篮球比赛中，运动员通过视觉追踪球的运动，这不仅涉及看到球的位置，还包括解读球的速度和方向，以及预测它的未来轨迹。同时，他们的听觉可能帮助他们感知不在视线范围内的队友或对手的位置，或者观众的反应，这些信息对比赛的策略有重要影响。

此外，运动员的身体与球场和比赛环境的互动也是他们感知空间和距离的关键方式。运动员通过身体的运动和位置感知来调整自己的动作，比如在跳投或运球突破时计算距离和角度。这种身体与环境的互动不仅帮助运动员更好地适应比赛的物理需求，也使他们能够更准确地解释和反应于比赛情况。

因此，运动员的身体在他们体验世界和体育活动中扮演着至关重要的角色。通过身体感知和身体的动作，运动员不仅执行体育技能，而且理解和解释他们所处的运动环境。这种身体与环境的互动是体育活动的核心组成部分，它使运动员能够在快速变化的比赛环境中做出适应和策略性的反应。

2．表达自我和情感

具身性研究在体育领域的应用中特别强调了体育活动作为运动员表达个人价

值观、情感和身份的重要途径。在这个范式下，运动员的身体动作、表情和姿态被视为他们个性、情感状态和自我认同的直接体现，而不仅仅是运动技能的展示。

运动员在比赛和训练中的每一个动作，无论是一个跳跃、一个转身还是一个冲刺，都可以是对他们内在世界的表达。例如，体操运动员在执行套路时，他们的动作不仅展示了技术上的精确和力量，同时也传达了优雅和艺术性。一个平衡木上的精准动作或一个自由体操中的飞跃，不仅是身体技能的展现，更是运动员个性、风格和情感的体现。通过这些动作，他们可以表达自己对完美、美感或挑战的追求。

运动员的表情和姿态也是他们情感和心态的重要表达方式。在高压的比赛环境中，运动员的面部表情和身体语言可能显示出他们的紧张、兴奋或专注。比如，一个举重运动员在完成举起时的表情可能展现了他们的决心和满足感，而一名马拉松运动员在终点线的喜悦则表达了他们的成就感和释放。在团队体育中，运动员的身体互动和表情还展示了他们在团队中的角色和与队友的关系。在足球或篮球比赛中，队员之间的身体接触、庆祝方式和相互鼓励的姿态不仅是团队合作的表现，也是他们之间情感联系和团队精神的体现。

具身性研究提供了一种深刻的视角来理解体育活动中的身体动作不仅仅是对技能的展示，更是运动员个性、情感和身份的表达。这种视角强调了体育活动在运动员个人发展和自我表达中的重要作用，展示了运动员通过体育活动与外界建立联系和交流的独特方式。

3. 塑造个人认同

体育活动在塑造运动员的个人认同方面扮演着极为重要的角色，这一点在具身性研究中得到了特别的强调。参与特定的体育项目不仅仅是一种展示身体技能的方式，更深层次地，它关联着运动员的个人价值观、文化背景和社会身份。体育活动成为他们自我认知和表达自我的平台，反映了他们的内在世界和对周围环境的理解。

例如，马拉松跑者可能会将长跑视为一种自我挑战和毅力的象征。对他们来说，马拉松不仅是一场体力和耐力的比赛，更是一种心理和情感的试炼。在漫长和艰苦的跑步过程中，他们不仅在锻炼身体，也在培养坚韧不拔的精神和对自我极限的探索。这种体育经历成为他们个人认同的一部分，反映了他们对自我挑战、个人成长和毅力的重视。团队运动的运动员可能更加强调团队合作和社会归属感。

在篮球、足球或排球等团队运动中，运动员通过与队友的协作和互动来实现共同的目标。这种体育活动不仅培养了他们的运动技能，也塑造了他们对团队合作、共同努力和社会交往的价值观。他们的个人认同与团队的一部分密切相关，反映了他们对团队精神、社会归属和集体成就的重视。

通过这种方式，体育活动成为运动员构建和表达个人认同的重要渠道。无论是个人项目还是团队项目，运动员都在通过他们的体育活动来定义自己、展示自己的价值观和信念，并与周围的社会环境建立联系。这种通过身体活动来表达和塑造个人认同的过程，不仅丰富了运动员的内在生活，也使他们能够在更广泛的社会文化背景中找到自己的位置。

4.影响运动表现和社会互动

在具身性研究中，运动员的身体感知和情感体验被认为对他们的体育表现以及与世界的关系产生深远影响。这种研究观点不仅关注运动员在体育活动中的身体状态和情感体验，还探讨这些因素如何影响他们的运动表现和社会互动。

身体状态，如疲劳、兴奋或紧张，对运动技能的执行具有直接影响。例如，身体疲劳不仅会降低运动员的运动效率和技术精确性，还可能影响他们的判断能力和反应速度。兴奋状态可能增强运动员的动力和集中力，但过度兴奋又可能导致过于冒险的行为。紧张或焦虑可能会影响运动员的身体协调性和心理准备，从而影响比赛表现。

运动员的身体经验和情感状态也影响他们与周围人的互动。在团队运动中，一个运动员的情感状态可以影响整个团队的氛围。例如，一名自信且积极的运动员可能激励团队成员，而一个沮丧或挫败的运动员可能影响团队的士气。运动员与教练和队友的互动，以及他们如何在压力下与挑战打交道，都在塑造他们的社会角色和团队中的地位。

运动员的身体和情感状态也影响着他们与观众的互动。观众对运动员的情感反应，如喜悦、激动或失望，不仅影响观众的体育体验，也反馈影响运动员的心理和情感状态。在重大比赛中，运动员可能感受到来自观众的支持或压力，这种社会互动的动态对他们的表现和心理状态有着重要影响。

具身性研究提供了一种全面理解运动员身体状态、情感体验与运动表现和社会互动相互作用的视角。这种视角强调，运动员的身体和情感经验不仅影响他们的个人运动表现，也影响他们在社会和文化环境中的互动和表达。通过这种方式，运动员的身体经验成为连接个人、运动和社会的重要桥梁。

第三节 现象学与体育概念的本质研究

一、西方体育概念的词源学考察与现象学含义

（一）西方体育概念的词源学考察

西方体育概念的词源学考察涉及对“体育”一词在西方文化和语言中起源与发展历程的深入研究。这项研究关键在于理解体育这一术语是如何随着时间演变的，以及它在不同历史时期的含义如何受到社会结构和文化价值观的影响。

词源学上，英文中的“体育”（sports）一词与古英语中的“disport”有关，最初含义是“分散注意力”或“娱乐”。这表明最初的体育活动与娱乐和休闲密切相关，是为了逃离日常生活的忧虑而进行的活动。然而，随着时间的推移，这一概念逐渐演化，开始包含更多与身体运动、竞技和技能相关的元素。

在不同的历史时期，体育活动的含义和重点也随着社会结构和文化价值观的变化而变化。例如，在古希腊时期，体育活动被视为一种完善个人德行和身体素质的方式，与个人荣耀和社会地位紧密相关。而在工业革命后的现代社会中，体育活动逐渐转变为一种群体性的、规范化的竞技活动，这反映了社会组织和价值观的变化。

体育一词的演变还反映了体育在社会和文化中角色的变化。从最初的休闲娱乐到现代的竞技运动，体育活动的社会意义和文化影响不断扩展，成为国家身份、集体荣誉和个人成就的象征。它不仅仅是一种身体活动，更是文化、政治和社会互动的重要组成部分。

西方体育概念的词源学考察不仅揭示了体育一词在历史上的演变过程，还反映了社会结构和文化价值观如何塑造和重新定义体育这一概念。通过这样的研究，我们可以更全面地理解体育活动在不同历史阶段的社会和文化意义，以及它如何影响并被不同社会和文化环境影响。

（二）西方体育概念的现象学含义

西方体育概念的现象学涵义专注于从现象学这一哲学视角深入探究体育作为一种人类活动的本质。在这一分析框架下，体育不再是一系列外在的身体活动或竞技比赛，而是被理解为一种深刻的个人体验和感知过程。

从现象学的角度看，体育活动被视为一种主观体验，其中个体的感知、情感和认识在活动中起着核心作用。这意味着，体育活动不仅仅被视为身体运动的集合，更是一种复杂的、多维度的人类经验。在这种理解中，体育活动成为个人理解自己以及与周围世界互动的一种方式。

现象学对体育概念的探讨强调了运动员的直接体验和感知。例如，对一名跑步者而言，长跑不仅仅是一种身体锻炼，也可能是一种精神释放的过程，甚至是自我探索和挑战的方式。运动员在体育活动中的体验，如喜悦、挫折、紧张和成就感，都被看作理解体育本质的重要部分。体育活动中的社会互动和文化背景也是现象学分析的重要组成部分。在不同的社会和文化环境中，体育活动可能承载着不同的意义和价值，反映了特定社会结构和文化背景下的人类行为和关系。

西方体育概念的现象学涵义提供了一种理解体育作为人类活动多层次和深刻含义的视角。它超越了体育的传统定义，探究了体育活动在个人层面上的情感、认知和体验，以及在社会和文化层面上的作用和意义。通过这种分析，我们可以更加深入地理解体育活动如何影响个人的生活经验，以及它在更广泛的社会文化背景中的地位和作用。

二、中国体育概念的现象学思考

（一）“体育”概念在中国的译介与普及

“体育”这一概念在中国的译介与普及是一个深受文化、语言和社会历史影响的复杂过程。这个过程不仅涉及了西方体育理念的翻译和介绍，还包括了这些理念与中国传统文化的融合与互动。

在中国，体育这一术语的引入和普及与19世纪末至20世纪初的社会变革和文化更新密切相关。这一时期，随着对外开放和文化交流的增加，西方的体育活动和理念开始进入中国。这些新的体育观念与中国传统的身体活动，如武术、太极拳等相遇，逐渐形成了一种新的体育文化。

20世纪初的新文化运动，特别是在五四运动期间，体育被认为是提高国民素质、加强民族体魄的重要手段。在这一时期，“体育”一词开始在中国社会中广泛传播，体育活动被视为培养健康身体、增强民族精神的重要工具。同时，它也被赋予了更深层次的社会和文化意义，如培育集体主义精神、提升民族自豪感和促进社会进步。

随着时间的推移，体育在中国的发展逐渐融合了本土文化元素，与中国的传统体育活动如武术相结合，形成了独特的体育文化特色。在现代中国，体育不仅仅是一种身体锻炼的方式，它还承担着促进国民健康、增强民族凝聚力和提升国际形象等多重社会功能。

体育概念在中国的译介与普及反映了一个从外来文化接受到本土文化融合，再到形成具有中国特色的体育理念和实践的历史过程。这一过程不仅仅是体育活动的传播，更是文化交流和社会发展的一个缩影。通过体育活动的推广与发展，中国社会不断探索和塑造着体育在现代化进程中的角色和意义。

（二）“体育”概念在中国的意义嬗变

1. 初步引入与西方体育的接触

“体育”这一概念在中国的引入和普及与晚清和民国时期中国社会对西方文化的接触密切相关。在这一历史阶段，随着中国逐渐对外开放并积极寻求现代化途径，西方的多种文化元素开始被引入，其中就包括体育活动。这一时期的体育概念主要集中在身体锻炼和竞技性活动上，体现了西方体育文化对中国的影响。

西方的体育项目，如足球和篮球，最初被引入中国时，主要是作为一种新式的身体锻炼方法。这些运动不仅为中国民众提供了新的休闲方式，而且也被视为提升身体素质和健康水平的有效手段。在当时，这种新型的、现代化的身体练习方式与中国传统的身体文化形成了鲜明对比，被看作是一种文化和社会现代化的象征。

体育概念的引入不仅限于运动本身，它还伴随着一系列西方的教育理念和生活方式的传播。在中国的学校和教育机构中，体育逐渐成为重要的课程组成部分，被认为是培养学生全面素质的关键环节。体育教育的推广旨在培养青少年的身体健康，同时也着重于提升他们的团队协作能力和竞争精神。

体育在晚清和民国时期的中国社会中还承担了更广泛的社会文化职能。它不仅是个人身体锻炼的方式，也成为促进社会交往、增强国民身体素质和提升民族精神的工具。在这一背景下，体育逐渐成为中国社会现代化进程中不可或缺的一部分，标志着中国在接受和融合外来文化的同时，也在探索适合自己的社会发展道路。

2. 文化融合与传统体育的结合

随着时间的推移，在中国，体育概念经历了一系列的本土化和文化融合过程。这个过程标志着中国传统体育项目与西方体育理念的相遇和互动，导致了体育活动含义的显著拓展。中国的传统体育项目，如武术和太极拳，开始与西方的体育观念相结合，形成了独特的体育文化。

在这一融合过程中，体育不再仅仅被视为身体锻炼和竞技活动，而是逐渐被赋予了更深层次的意义。中国传统体育项目强调的不仅是身体技巧的提升，更包括了精神修养、道德培养和身心和谐。例如，武术中强调的不仅是身体力量和技巧，还包括了内在精神的培养和道德品质的提升；太极拳则不仅是一种身体练习，更是一种冥想和身心和谐的实践。

这种融合也反映了中国社会对体育的全新理解。体育活动成为一种文化实践，不仅体现了身体练习的价值，也承载了传统文化传承、个人品格塑造和社会和谐促进的功能。体育在中国逐渐成为一种反映个人和集体理想、价值观和生活方式的重要领域。

体育概念在中国的发展不仅是对西方体育理念的接受和吸纳，更是一种深刻的文化适应和创新。通过这种融合，体育在中国形成了独特的面貌，既有西方体育的活力和竞技精神，也融入了中国传统文化的深刻内涵，成为中国社会文化的重要组成部分。

3. 中华人民共和国成立与体育意义的深化

随着中华人民共和国的成立，体育在中国社会中的地位和意义经历了显著的深化和提升。在这一时期，体育不仅被看作是一种普通的身体锻炼方式，更被赋予了更广泛的社会和文化价值。体育被视为一种关键手段，旨在提高国民的身体素质，培养民族精神，以及增强社会责任感。

在中华人民共和国之初，体育活动与国家的整体发展战略紧密相连。政府推动体育活动，旨在通过提高民众的身体健康来强化国家的整体实力。体育活动被视为培养健康公民的重要途径，有助于提升民众的生活质量和工作效率。体育在这一时期还被看作是培养民族精神和增强民族凝聚力的工具。通过集体体育活动，如团队运动和大型体育赛事，体育帮助增强国民之间的团结和共同身份感。体育赛事常常被用作展示民族成就和培养民族自豪感的平台。

体育还被用作推动社会进步和社会责任感的重要工具。在学校和社区，体育教育和活动被用来培养青少年的团队精神、竞争意识和社会责任感。这些活动不仅增强了个人的身体素质，也有助于塑造更和谐、更有活力的社会环境。

中华人民共和国成立后的几十年中，体育在中国社会中的角色不断扩大，其意义也随之深化。体育活动不仅是身体练习的方式，更是国家建设、民族精神培育和社会发展的重要工具。通过体育的推广和普及，中国社会在提高国民身体素质的同时，也在努力构建更加团结和谐的社会环境。

4.政治和教育背景下的体育发展

在中国，体育的发展与国家的政治和教育议程紧密相连，体现了政府对于体育在社会发展和国家建设中重要角色的认识和重视。随着时间的推移，体育在教育体系中的地位日益显著，同时在国家政治和国际关系中也扮演了重要角色。

体育教育成为中国学校教育体系的一个重要组成部分。政府强调体育教育对于青少年身心健康和全面发展的重要作用。学校体育不仅被看作是增强学生体质的途径，还被认为是培养学生团队合作能力、竞争意识和社会责任感的重要环节。体育课程和活动被设计成为培养学生综合素质和准备他们未来成为有益于社会的公民的关键部分。

在政治层面，体育被视为增强国民对国家的认同感和提升国家国际形象的重要工具。通过体育赛事和活动，如奥运会和世界杯等国际体育赛事，中国政府展示了国家的实力和国民的精神面貌。这些活动不仅增强了国内的民族自豪感和团结，也在国际上提升了中国的声誉和影响力。

体育还被用作反映和促进社会变革的手段。随着中国社会的快速发展和现代化进程，体育活动反映了国家对健康、福祉和公民意识的日益重视。体育成为促进社会和谐、加强社区联系和推动社会进步的平台。

体育在中国的发展不仅仅是体育活动本身的演变，更是中国社会政治和教育方针的反映。体育在中国的发展既是对国民身体健康的投资，也是对国家未来和国际地位的投资，显示了体育在现代中国社会中多维度的重要性和作用。

5.当代中国的体育多重意义

在当代中国，体育已经超越了传统意义上的身体练习，成为涉及健康、社会、文化和政治等多个重要领域的综合性现象。体育活动在促进公共健康、加强社会和谐、提升民族自豪感和国际地位等方面发挥着关键作用，反映了中国社会对于健康生活方式的追求和对集体价值的重视。

在公共健康领域，体育活动被广泛推广作为提升国民身体健康水平的重要手段。政府和社会机构鼓励人们参与各种体育锻炼，以防治疾病、提高身体素质和延长寿命。随着生活水平的提高和健康意识的增强，越来越多的人开始将体育锻炼作为日常生活的一部分。

在社会和谐方面，体育活动成为加强社区联系和促进社会稳定的重要途径。

通过组织各种体育赛事和活动，人们有机会聚集在一起，分享共同的兴趣和激情，从而增强了社区的凝聚力和团结感。体育赛事也常常被用作庆祝重大节日和纪念重要事件的平台，进一步增强了社会的团结和和谐。

体育在提升民族自豪感和国际地位方面也发挥着重要作用。通过参与国际体育赛事，如奥运会和世界杯等，中国不仅展示了其体育实力，也提升了国家的国际形象和影响力。体育成就被视为国家实力和进步的象征，激发了民族自豪感和民众的爱国情怀。

体育在当代中国已经成为一个多维度的社会文化现象。它不仅关乎个人的身体健康，也关乎社会的和谐、文化的传承和国家的形象。体育活动的普及和发展反映了中国社会在不断变化中的价值观和生活方式，展现了体育作为一种社会文化力量在现代中国的多重意义和作用。

“体育”在中国的意义经历了由最初的西方体育概念引入到与中国传统文化的融合，再到作为社会和国家建设重要工具的全面转变。这一概念的演变不仅体现了中国社会文化的变迁，也反映了体育活动在中国不断增长的社会、文化和政治价值。

第二章　中国高校体育教育的历史与现状

本章主要内容为中国高校体育教育的历史与现状，从三个方面展开论述，分别为中华人民共和国成立前高校体育教育回望、中华人民共和国成立后高校体育教育的历程、新时代体育教育的纲领。

第一节　中华人民共和国成立前高校体育教育回望

体育教育作为中国教育系统的重要组成部分，在中华人民共和国成立前经历了一系列重要的发展。在晚清和民国时期，随着西方文化的引入和社会的变革，体育教育开始在中国高校中扮演越来越重要的角色。这一时期的体育教育不仅反映了当时社会的变化，而且为中华人民共和国成立后体育教育的发展奠定了基础，揭示了从传统到现代教育的转变趋势。

一、初步探索：体育教育的萌芽

在中华人民共和国成立之前，中国高校的体育教育处于初步探索阶段，这一时期标志着中国高校体育教育的起始和发展的萌芽。中国社会在这一时期经历了深刻的社会转型和文化觉醒，西方的教育理念逐渐传入中国，这其中就包括体育教育的理念。

（一）西方体育教育理念的引入

从 19 世纪末至 20 世纪初，随着西方文化的传入，中国开始接触西方的体育教育理念。这一时期，中国的教育改革者开始关注西方的教育模式，包括体育教育。他们认为体育教育不仅对提升学生的身体素质有重要作用，而且对学生的全面能力培养和品格发展有着积极作用。

（二）体育教育在高校中的初步实践

最初，体育教育处于中国高校教育的边缘，主要被视为一种增强学生体质的辅助活动。在这一时期，大多数高校缺乏系统的体育课程设置和专业的教学体系。体育活动通常被安排在学生的课余时间，以简单的身体锻炼和运动游戏为主，缺乏科学和系统性的体育教学内容。

（三）社会转型中的体育教育需求

随着中国社会的变革，尤其是在民国时期，人们开始意识到体育教育对于国民健康和国家未来的重要性。体育教育被认为是增强国民体质、提升国家竞争力的关键途径。在这种背景下，中国高校开始逐渐重视体育教育，但在实际操作中还面临许多限制和挑战。

（四）体育教育的初步发展

尽管面临着种种挑战，包括设施缺乏、教育资源有限和社会认知不足等，体育教育在这一时期还是取得了一定的发展。一些高校开始尝试引入更多样化的体育项目，增加体育课程的比例，并开始注重体育教育的科学性和系统性。

二、文化融合：西方体育与中国传统的交汇

随着更多的西方体育项目和理念被引入中国，高校体育教育开始经历一场文化融合的过程。这一时期，中国高校的体育教育不仅吸纳了西方的足球、篮球等体育项目，同时也与中国传统的体育活动，如武术和太极拳等进行了结合，形成了具有中国特色的体育教育内容。

（一）西方体育项目的引入

随着西方体育项目如足球和篮球的引入，中国高校的体育教育开始引入多样化和国际化的运动项目。这些运动项目不仅在技术和规则上与中国传统体育项目不同，而且在竞技精神和团队合作方面也带来了新的理念。

（二）与中国传统体育的结合

中国的传统体育项目，尤其是武术和太极拳，也被纳入高校的体育教育体系中。这些项目不仅强调身体技能的培养，更重视内在修养和精神层面的培育。它们与西方体育项目的结合，为中国高校的体育教育带来了新的维度。

（三）体育教育含义的拓展

在这种文化融合的背景下，体育教育的含义在中国高校中得到了拓展。体育教育不再仅限于身体锻炼，而是开始强调学生的全面发展。这包括了对学生身心健康的关注，以及通过体育活动来培养学生的品德、团队协作能力和社会责任感。

（四）教育模式的创新

随着文化融合的深入，中国高校的体育教育也开始尝试创新教育模式。在传统的教学方法中融入西方的体育教育理念，同时保留并强调中国传统体育的精神和文化价值。这种教育模式的创新旨在培养既具有国际视野同时又深植于中国文化土壤的学生。

三、体育与国家建设：更深层的意义

在中华人民共和国成立之前的几十年，中国社会经历了深刻的动荡和变革。这一历史时期见证了体育教育在中国的深远变革，体育教育被赋予了更为深层次的社会和政治意义，成为国家建设和民族精神培养的重要途径。

（一）体育教育的社会政治功能

在这一时期，体育教育不再仅仅局限于提高个人身体素质。更重要的是，它被视为一种培养青年的民族精神和爱国情怀的重要手段。随着国内外政治环境的变化，体育活动被寄予了加强民族团结、培育革命精神和提高国民素质的期望。特别是在抗日战争时期，体育活动在增强青年的团结和抵抗意志中发挥了重要作用。体育被当作培养青年的身体素质和坚韧意志的工具，为抗战做出了贡献。在这一时期，许多学校和社区通过组织体育活动，不仅强化了青年的身体素质，也提高了他们的民族自豪感和抵抗侵略者的决心。

（二）国内社会运动中体育的作用

体育教育在国内的各种社会运动中也扮演了重要角色。体育被用来培养青年的纪律性、团队合作精神和社会责任感。通过参与体育活动，青年学习到如何为了共同的目标而团结协作，这在很大程度上促进了社会的团结和进步。

四、教育改革：体育教育的发展

20 世纪初期，随着教育制度的改革，中国高校的体育教育开始得到更多的重视和发展。一些高校开始设立专门的体育课程，甚至成立体育专业，培养体育教师和专业运动员。这些改革反映了社会对体育教育价值认识的提升，以及对培养全面发展人才的需求。

（一）高校体育课程的设立

随着教育改革的深入，体育教育开始在中国高等教育中占据更为重要的地位。许多高校开始设立专门的体育课程，这些课程不仅包括基本的体育锻炼，还涵盖了运动技能的培养、体育理论的学习以及运动心理学等内容。这些课程的设立，标志着体育教育开始从简单的身体活动，转变为更为系统和全面的教育内容。

（二）体育专业的成立

在一些高校中，除普通的体育课程外，还开始成立专门的体育专业。这些专业不仅培养学生的体育技能，更重视对学生体育教育理念、训练方法和竞赛组织等方面的教育。通过设立体育专业，高校开始培养专业的体育教师和专业运动员，为中国体育事业的发展提供了人才支持。

（三）体育教育的系统化和专业化

这一时期的教育改革推动了体育教育的系统化和专业化。高校体育教育开始从边缘化的地位走向核心，形成了更为完善的教学体系和培养模式。这不仅提高了体育教育的质量，也为学生提供了更多元化的学习选择和发展机会。

回望中华人民共和国成立前的中国高校体育教育，可以看到一个从初步探索到逐步发展的过程。这一过程不仅是体育教育内容和形式的变化，更是中国社会和文化转型的反映。体育教育在这一时期承载了教育改革、文化融合和国家建设的多重任务，为后来新中国高校体育教育的发展奠定了基础。通过这段历史的回顾，我们可以更加深刻地理解体育教育在中国现代教育史中的重要地位和作用。

第二节 中华人民共和国成立后高校体育教育的历程

一、“传习式”竞技体育教育阶段

在中华人民共和国成立初期，中国高校的体育教育经历了一个被称为“传习式”竞技体育教育的阶段。这一阶段的体育教育主要集中在提高运动员的技能精熟和竞技成绩上，其核心在于培养高水平的运动员和提升竞技水平。

（一）特点

1．师徒式教学

在中华人民共和国成立之初的体育教育阶段，中国高校广泛采用了传统的师徒式教学方法。这种教学模式深植于中国的文化传统中，特别是在体育领域。在这一时期，教练或老师在传授技能和体育训练中起到了至关重要的作用。他们不仅是技术的传授者，也是学生学习过程中的指导者和榜样。

在师徒式教学中，教练或教师通常会通过亲自示范来教授具体的体育技能。学生的学习方式主要是通过观察教练或教师的动作、姿势和技巧，然后尝试模仿这些动作。这种学习方式往往伴随着大量的重复练习，目的是让学生能够逐渐掌握和内化这些技能。与现代体育教学相比，这种方法更加注重个人技能的练习和师生间的直接互动。此外，师徒式教学强调的是一种更加个性化的教育方式。教练或教师会根据每个学生的能力、特点和进步速度来调整教学方法和练习强度。这种方法在培养学生独特技能方面效果显著，但同时也要求教练或教师具有高度的教学技巧和对学生的深入了解。

总体来说，师徒式教学在当时的中国高校体育教育中占据了重要地位。它不仅是技能传授的有效方式，也是增强学生对体育运动深刻理解的方法。尽管随着时间的推移，体育教育方法逐渐向更加系统化和理论化的方向发展，但师徒式教学在早期培养运动员中发挥了不可替代的作用。

2．重视技能精熟

在中华人民共和国成立之初的“传习式”体育教育阶段，重视技能精熟成为教育的核心目标。这一阶段的体育教育特别强调提升学生的运动技能和竞技水平，将技能细节和技术完善作为教学的重点。这种教育模式的主要目的是培养学生在竞技领域取得更高的成就，从而提升个人、学校乃至国家在体育竞赛中的表现和声誉。

在实践中注重对学生技能的反复练习和精确指导。教练或教师会密切关注学生的每一个动作，从基本姿势的矫正到高级技巧的掌握，确保学生能够精确地执行每一项技能。这种精细化的教学方法使学生能够深入理解和掌握运动技能的每个细节，提高他们的技术水平和竞技能力。

此外，这种对技能精熟的重视也反映在比赛和实战训练中。学生被鼓励参与各种竞技活动，以实际比赛的经验来提升自己的运动技能和应对能力。教练会利用这些机会来评估学生的表现，进一步指导他们如何在实际竞技环境中应用所学技能，以及如何面对和解决比赛中遇到的挑战。

这一阶段的体育教育强调的是技能的精熟和竞技表现的提升，这种教育模式对学生的运动技能发展起到了重要的推动作用。通过专注于技能的精细训练和比赛实践，学生们得以在竞技体育领域取得显著成就，为后续体育教育的发展奠定了基础。

3. 竞技成绩导向

在中华人民共和国成立之初的“传习式”体育教育阶段，竞技成绩成为高校体育教育的重要导向。这一时期，高校体育教育极度重视学生在竞技体育中的成绩表现，将其作为衡量教育质量和学生运动能力的主要标准。这种竞技成绩导向的教育模式强调了在体育比赛中取得优异成绩的重要性，反映出当时对体育教育目的和价值的理解。

在实践中，这意味着学校和教练团队将大量的资源和精力投入提升学生在各类体育竞技比赛中的表现。教练团队会根据学生的特点和潜力，设计专门的训练计划，以确保他们在竞赛中能够展现出最佳状态。训练内容不仅包括技能训练，还包括战术布置、心理调节和体能训练等多个方面。

此外，学校体育教育的评价体系也在很大程度上依据学生在竞技比赛中的成绩。优秀的竞技成绩不仅能为学生带来荣誉，也常常是他们获得更多训练资源和机会的关键。因此，学生被鼓励参加更多的比赛，并努力在比赛中取得好成绩。

这一时期的竞技成绩导向教育模式，在一定程度上提高了中国高校体育教育的竞争力，并且对于培养具有较高竞技水平的运动员起到了关键作用。然而，这种过分强调竞技成绩的教育模式也存在一定的局限性，可能导致对运动员全面发展的忽视。尽管如此，这一阶段的体育教育对于当时中国体育教育的发展具有重要的历史意义。

（二）社会与国家意义

1．国家荣誉与国际竞争

在中华人民共和国成立之初的体育教育阶段，体育成就与国家荣誉和国际竞争力之间的联系日益紧密。这一时期，体育不仅仅被看作是一种个人或学校层面的活动，其所取得的成绩和表现被广泛视为国家力量和国际地位的重要象征。在这种背景下，体育成就超越了纯粹的体育领域，变成了一种展示国家实力和提升国家形象的手段。

每当运动员或运动团队在国际比赛中获得佳绩，这不仅是他们个人或其所在学校的荣耀，也被视为整个国家实力的体现。这种情况在很大程度上激发了国家层面对体育的重视，使得体育竞赛成为一个国家实力的展现窗口。此外，体育成就还被看作是提升国家在国际社会中的竞争力的一种方式。特别是在国际体育大赛中的表现，被认为是衡量国家综合实力的一个重要方面。

体育成就还与民族自豪感和爱国主义情感紧密结合。在国际比赛中的成功不仅提升了运动员和团队的声誉，更成为国民共同庆祝和自豪的源泉。这种情况增强了体育在国家意识形态和文化认同中的作用，体育赛事成为民族团结和爱国情绪的重要促进者。

在这一阶段，体育教育和成就被赋予了超越个人和学校层面的国家意义。通过体育的成功，不仅展示了国家的实力，也强化了国民的团结和国家认同感，使体育成为国家荣誉和国际竞争的重要舞台。

2．培养顶尖运动员

在中华人民共和国成立之初的体育教育阶段中，高校体育教育承担了培养国家级运动员的重要任务，这些运动员被寄予在国际赛事中为国家争光的厚望。这一任务不仅体现了体育教育的竞技导向，也反映了国家对于体育运动在提升国际地位中的重视。

在这一背景下，高校体育教育系统开始重点培养具有高竞技水平的运动员，为他们提供专业化的训练和教学资源。这些教育和训练项目旨在提高运动员的技能、战术理解和身体素质，确保他们能够在国际比赛中与世界顶级运动员竞争。强调竞技成绩和国际表现的教育模式，促使运动员不断追求卓越，努力实现个人和国家荣誉的双重目标。

高校体育教育还包括了对运动员心理素质的培养和国际竞赛经验的积累。认识到高水平的竞技运动不仅仅是体能和技能的比拼，还涉及心理素质和应对压力的能力，高校体育教育开始引入心理训练和比赛策略等内容。运动员被鼓励参加各种国内外比赛，以积累实战经验并适应国际比赛的环境和氛围。

这一时期的高校体育教育在培养顶尖运动员方面发挥了关键作用，这些运动员被视为国家体育荣誉的代表和国际竞争力的象征。通过专业化的训练和全面的教育，他们不仅提升了个人技能，更在国际舞台上为国家赢得了荣誉。这一过程不仅提升了中国在国际体育领域的地位，也激发了国内对体育运动的兴趣和热情。

（三）影响与转变

在中华人民共和国成立之初的体育教育阶段，中国高校的体育教育经历了一段重要的发展时期，这对中国体育教育的未来走向产生了深远的影响。

这一阶段的体育教育奠定了中国高校体育竞技水平的基础。通过专注于技能的精熟和竞技成绩的提升，学校培养出了一批具有较高竞技水平的运动员。这些运动员在国内外的竞赛中取得了显著的成绩，提升了中国高校体育的整体水平，为后续更多运动员的成长和发展提供了示范和经验。

这一时期的体育教育为后续体育教育的多元化和全面发展奠定了基础。随着时间的推移，体育教育逐渐从单一的竞技成绩导向转变为更加注重运动员的全面发展，包括身心健康、社会责任感和团队合作精神。这种转变为中国体育教育的未来发展开辟了新的方向，促进了体育教育内容的丰富和教学方法的创新。

这一阶段的体育教育也反映了当时社会对体育教育价值和目标的特定理解。在那个时期，体育成就不仅是个人和学校的荣誉，更是国家力量和国际地位的象征。这种观念在很大程度上影响了体育教育的方向和重点，使得体育成为展示国家实力和提升国际形象的重要途径。

这一阶段的体育教育对中国高校体育教育的发展产生了深远的影响，它不仅提升了中国高校体育的竞技水平，也促进了体育教育理念的转变和发展，对中国体育教育的未来走向产生了重要的影响。

二、素质体育教育阶段

素质体育教育阶段标志着中国高校体育教育从重竞技成绩转向全面发展的重要转变。在这一阶段，体育教育的核心目标转变为提升学生的整体身心素质，而不仅仅是追求体育竞技的优异表现。这种转变反映了对体育教育价值观的深刻理解和重视，特别是在全面提升学生素质方面的关注。素质体育教育阶段的特点包括以下几个方面。

（一）对学生全面发展的重视

在素质体育教育阶段，中国高校体育教育的重点转移到了对学生全面发展的重视上。这一时期的体育教育不仅强调身体健康和体能提升，还特别关注学生心理素质和社交能力的培养。这种教育模式的转变体现了对学生综合素养的重视，认为体育教育不仅是身体训练，更是个人全面发展的重要组成部分。在这个阶段，体育课程不再单一地关注传统的体育技能和竞技成绩，而是包含了各种运动形式，目的是提高学生的身体素质，并同时培养他们的心理调节能力、压力管理能力和团队合作精神。例如，团队体育项目不仅锻炼身体，还有助于培养学生的团队协作和领导能力；而诸如瑜伽和太极这类活动则更多地注重心理平衡和内心宁静。

这种对学生全面发展的重视也反映了教育观念的进步，强调体育教育不仅要促进学生的身体健康，更要提升其心理健康和社会适应能力。通过多样化的体育活动，学生能在享受运动的乐趣的同时，获得更全面的成长和发展。

（二）多样化的体育活动

在素质教育阶段，中国高校体育课程和活动的多样化成为一个显著特征。这种多样化表现在体育教育不再局限于传统的竞技体育项目，而是拓展到了各种有助于身体健康和心理发展的运动项目上。例如，瑜伽和舞蹈被纳入体育课程中，这些活动不仅对提升身体的灵活性和协调性有益，还有助于心理放松和情绪调节。这些运动的引入，为促进学生的心理健康和情感表达，提供了新的途径和方法。此外，户外探险和野外生存等活动也开始受到重视，这类活动不仅锻炼了学生的体能，还培养了他们的适应能力、团队协作能力和解决问题的能力。这些活动通过实践体验，帮助学生学习如何在面对挑战和困难时保持冷静和合作。

体育课程的这种多样化不仅丰富了学生的体育体验，也更好地满足了不同学生的需求和兴趣，促进了他们身心的全面发展。这种转变体现了对学生个性化和综合素质培养的重视，也反映了现代教育理念的进步。

（三）对学生个体差异的尊重

在素质体育教育阶段，中国高校体育教育开始更加重视尊重学生的个体差异，这一转变体现在课程设计和活动选择的多元化与灵活性上。不同于过去那种“一刀切”的教学模式，体育教育开始致力于满足不同学生的兴趣和能力提升需求，为他们提供更广泛的选择和更个性化的教学体验。

随着这种教育理念的转变，体育课程开始提供更多样的运动项目选择，使学生能够根据自己的兴趣和身体条件选择最合适的运动。例如，对于喜欢团队合作的学生，学校提供了篮球、足球等团队运动；而对于更偏好个人锻炼的学生，则可以选择跑步、游泳等项目。此外，对于那些对特殊运动形式感兴趣的学生，学校也相应地开设了特色课程和活动。

这种对学生个体差异的尊重不仅使体育教育更加贴近学生的实际需求，也有效激发了学生对体育活动的兴趣和参与热情。当学生能够根据自己的偏好选择适合的运动时，他们更有可能享受到运动本身的乐趣，从而在体验中获得更积极的体验。这一教育模式的转变也提升了学生的自主学习和自我管理能力。通过自主选择适合自己的运动项目，学生不仅在体育活动中增强了身体素质，还在选择和决策过程中锻炼了自我管理能力和责任感，这对他们的长期发展极为重要。

素质体育教育阶段对学生个体差异的尊重，不仅改善了体育教育的质量和效果，也为学生的全面发展和个性化成长提供了重要的支持。这一转变标志着体育教育从单一的技能训练转向全面的人格培养，更加关注学生的个体需求和全面发展。

（四）教育理念的变化

在素质体育教育阶段，中国高校体育教育的理念经历了显著的变化。体育教育不再仅仅被视为提升体能和竞技技能的手段，更被认为是培养学生全面素质、促进学生身心健康和社会适应能力的重要途径。这种教育理念的转变反映了对教育目标更全面、更深层次的理解和追求。在这个新的教育理念下，体育活动被视为一种工具，通过它不仅可以提高学生的身体素质，还可以促进他们的情感发展，增强社交技能和心理素质。体育课程被设计成可以帮助学生学习如何进行团队合作、克服挑战、建立自信和培养领导力的活动。这些技能对于学生在校园生活和未来的职业生涯中都是至关重要的。此外，这一阶段的体育教育还特别注重培养学生的生活技能，如时间管理、目标设定和健康生活方式的养成等。这些技能对于学生的长期发展具有重要意义。

这种教育理念的变化标志着体育教育从单一的体能和技能培养转向更加全面和综合的人格和能力发展，强调体育教育在促进学生全面成长和发展中的重要作用。这一转变不仅改善了学生的体育体验，也为他们的全面发展奠定了坚实的基础。

三、能力体育教育阶段

在中国高校体育教育的发展历程中，“能力体育教育阶段”是一个现代化和前瞻性的阶段。这个阶段的特点是将体育教育的重点从传统的体能和技能培养转移到通过体育活动全面培养学生的综合能力上，尤其是那些在现代社会中对取得成功和适应环境至关重要的非技能类能力。

（一）教育目标的转变

在这个阶段，我们见证了教育目标的一次显著转变。体育教育不再仅仅局限于提升学生的体能或运动技巧，而是扩展到了更为广泛和深入的领域。教育者开始更加关注如何利用体育活动作为工具来培养学生的社交能力、团队合作精神、领导力以及解决问题的能力。这一变革意味着体育教育正逐渐被视为一种全面教育手段，其目的不仅仅是提高学生的身体素质和运动技能，更重要的是促进学生的个人素质和社会技能的发展。

在这种新的教育模式下，体育活动不再被单纯看作一种身体锻炼，而是成为培养学生综合能力的平台。通过参与各种体育活动，学生不仅能够提高他们的体力和运动技巧水平，还能在实践中学习团队合作、领导能力、社交交往以及面对挑战时的应对策略。例如，在团队运动中，学生需要学习如何与队友有效沟通、协调行动，并共同努力以实现团队目标；在个人项目中，学生则有机会提升个人决策能力和自我管理能力。

这一阶段的教育理念的转变强调了体育教育在学生全面发展中的重要作用。通过多样化的体育活动，学生不仅能够增强体质，更重要的是能够在参与中培养出在现代社会生活中至关重要的多种技能和素养。这种全面的教育方法有助于学生在学校及未来生活中取得成就。

（二）对实践学习的重视

在“能力体育教育”这一阶段，体育教育领域越来越多地采用实践学习的方法。这种方法不仅让学生在体育活动中锻炼身体，更重要的是，它为学生提供了一个通过实际参与来提高关键技能和素质的机会。在这个阶段，各类体育活动被设计成不仅是体力锻炼的机会，更是学生学习和发展必要社交和认知技能的平台。

例如，篮球或足球等团队运动不仅能锻炼学生的身体素质，更重要的是能通过团队合作和竞争的过程培养他们的团队意识和协作能力。在这些活动中，学生学习如何与队友沟通，如何在比赛中快速做出决策，并如何共同协作以达到团队的目标。这种经验对于学生未来无论是在学习还是工作中的团队合作能力都是极其宝贵的。此外，户外探险或挑战活动则被设计用来提升学生的冒险精神、自我挑战能力以及应对复杂情况的能力。这些活动通常需要学生走出舒适区，面对新的挑战和未知的情况，从而培养他们的适应能力、解决问题的技巧以及冒险和探索的精神。

通过这些丰富多彩的体育活动，学生不仅在身体上得到了锻炼，更重要的是，在心理和社交技能上得到了全面的提升。这种实践学习方法为学生提供了一个动手实践和体验学习的环境，使他们在参与和体验中发展出对他们未来生活和职业至关重要的技能和素质。

（三）自我管理能力的培养

在这一阶段，对学生自我管理能力的培养受到了特别的重视，这是对传统体育教育模式的重要补充和扩展。体育教育不再仅仅聚焦于运动技能的提升，而是涵盖了更广泛的个人发展领域，包括时间管理、情绪控制以及目标设定等关键技能。这种教育理念的转变源于对现代社会中所需关键技能的认识，以及对于全面培养学生以应对各种挑战的追求。

在体育活动中，学生被鼓励学习如何有效管理自己的时间和精力，这对于他们在学术、体育和个人生活中保持平衡至关重要。例如，通过参与团队运动，学生不仅学到了如何在运动中分配时间和精力，还能够在比赛和学习之间找到平衡点。情绪控制也是体育教育中的一个重要方面，尤其是在竞技体育中。学生学习如何在高压环境下保持冷静，如何应对失败，以及如何在团队中有效地表达和管理情绪。

目标设定能力的培养在体育教育中也占据了重要位置。学生被教导如何设定实际且有挑战性的目标，以及如何制订和实施计划以达成这些目标。这不仅在体育领域内很重要，在学生的个人生活和未来职业规划中也同样重要。

这一阶段的体育教育通过注重自我管理能力的培养，不仅提高了学生的体育能力，更重要的是，帮助他们发展了一系列对现代生活至关重要的技能。这种全面的教育方法不仅为学生提供了应对现代社会挑战的工具，也为他们的终身学习和个人发展奠定了坚实的基础。

（四）情感智力的发展

在当前的体育教育阶段，情感智力的培养成为教育过程中的一个重要内容。

这一转变意味着体育教育不仅关注身体技能的提升，还包括学生情感管理和社交技巧的发展。

1. 应对竞争和压力

在当前的体育教育阶段，应对竞争和压力已成为学生发展的一个重要组成部分。体育活动由于其天然的竞争性，为学生提供了一个理想的实践平台，用以学习在压力环境下如何保持冷静和自制。在比赛和团队互动中，学生不断面临着必须迅速作出反应的情况，这些经历帮助他们学会如何管理自身的情绪反应，特别是在面对失败、挫折或冲突时。这些环境不仅考验学生的身体反应速度，更重要的是，它们测试学生在压力下的情绪管理能力。

这种对应对竞争和压力的培养，不仅在体育领域内至关重要，同样适用于学生的日常生活和未来职业发展。学会在压力环境中保持冷静和有条理，是一种对于现代生活极为重要的技能。通过体育活动的参与，学生不仅提高了身体素质，更重要的是，他们在情绪管理和应对压力的技巧上获得了宝贵的经验和成长。

2. 沟通与协作

在现代体育教育的“能力体育教育”阶段，沟通与协作的技能受到了特别的重视。体育活动，尤其是团队运动，为学生提供了一个理想的环境，用以学习和练习有效沟通和协作的技巧。这些技能不仅对于体育领域至关重要，对于学生的个人发展和未来职业生涯同样具有重要影响。学生通过参与团队运动，如篮球、足球或排球，学习如何与队友交流、共同制定策略和解决问题。这不仅涉及言语上的沟通，还包括非言语沟通，如肢体语言和表情。通过这些交流和协作，学生能够更好地理解和回应他人的情绪，促进团队的和谐。

沟通与协作的培养在体育教育中占据了核心位置，这不仅有助于学生在体育领域取得更好的成绩，更为他们未来的个人和职业发展奠定了坚实的基础。通过体育活动中的这些实践学习，学生们得以在真实的社交环境中发展和磨炼自己的沟通与协作技能。

3. 情绪管理

在“能力体育教育”这一阶段，情绪管理作为情感智力的核心组成部分，在体育教育中受到了特别重视。情绪管理能力的培养对于学生的心理健康、人际交往能力以及在竞争激烈的环境中的表现至关重要。

在体育教育中，学生被引导学习如何识别和理解自己的情绪状态。这包括意识到自己在不同情境下的情绪变化，如紧张、兴奋、沮丧或愤怒，并学习如何对这些情绪做出适当的反应。例如，在紧张的比赛中，学生被教授如何通过深呼吸、正面思维或其他冷静技巧来管理自己的紧张情绪，以保持冷静和精力集中。在竞争激烈的体育环境中，有效的情绪管理尤为关键。学生不仅要学会如何在高压情况下控制自己的情绪，还要学会如何在面对失败或挫折时保持积极态度。这涉及如何从失败中恢复过来，如何将失利视为学习和成长的机会，而不是让负面情绪占据主导。

情绪管理能力也对学生的人际交往和团队协作能力至关重要。在团队运动中，学生需要学会如何在情绪激动时与队友有效沟通，如何在冲突中保持冷静，以及如何在压力下支持和激励彼此。

总的来说，情绪管理的培养在体育教育中占据了重要位置，它不仅有助于提高学生在体育领域的表现，更重要的是，对他们的整体心理健康和社交能力发展具有深远的影响。通过在体育活动中练习和应用情绪管理技巧，学生可以更好地应对生活中的各种挑战，成为更加成熟和适应性强的个体。

"能力体育教育"阶段体现了体育教育理念的深刻转变，将体育教育从纯粹的体能训练转变为一种全面的人格和能力培养过程，这样的教育模式不仅丰富了学生的体育体验，也为他们提供了实际应用这些能力的机会，这些能力对于他们的个人成长和未来的职业生涯都至关重要。通过这种方式，体育教育被提升为一个全面发展的平台，不仅锻炼学生的身体，更重要的是培养他们的心理素质和社会能力，为他们成为全面发展的现代社会成员打下基础。

第三节　新时代体育教育的纲领

新时代的体育教育不仅要面对传统的体能和技能培养任务，还要应对日益增长的社会、情感和认知技能培养的需求。这要求体育教育拓展其教学范围，更加注重学生的全面发展和终身体育观念的培养。

一、情感智力的培养

在新时代体育教育中，情感智力的培养被赋予了前所未有的重要性。情感智力涵盖情绪管理、自我认知以及社会交往能力，现已成为体育教育的一个关键领域。

（一）情绪管理的重要性

在新时代的体育教育中，情绪管理作为情感智力的核心组成部分，受到了特别的重视。这一点在竞技体育中表现得尤为明显。

1. 竞技体育中的情绪挑战

在竞技体育活动中，运动员面临的最大挑战之一是如何应对高度紧张和情绪化的环境。这种环境在团队比赛如篮球、足球或在个人项目如网球、田径等竞技体育中普遍存在。竞技环境本身固有的压力可能会引发运动员的强烈情绪波动，包括紧张、兴奋甚至失望等情绪反应。

这些情绪波动不仅影响运动员的心理状态，还可能直接影响他们在比赛中的表现。例如，紧张可能导致他们在比赛中过于谨慎或犹豫，而过度兴奋可能导致他们冲动行事，做出非理性决策。在这样的环境下，运动员必须学会如何有效地管理自己的情绪，确保他们能够在比赛中保持最佳状态。

在竞技体育中，情绪管理成为一个至关重要的技能。运动员需要学会如何在比赛压力下保持冷静，如何在面对失败时快速调整心态，以及如何在团队中有效沟通以维持良好的情绪稳定。这不仅对他们在体育领域中的表现至关重要，对他们的个人发展和未来的社会适应能力也有深远的影响。

2. 情绪管理对运动员表现的影响

良好的情绪管理对运动员的表现具有显著影响，这在竞技体育中尤为重要。情绪管理能力不仅涉及控制负面情绪，还包括利用积极情绪来增强表现。在比赛的高压环境下，能够有效管理情绪的运动员往往能够更好地发挥自己的技能和潜力。

当运动员面对比赛中的不利情况，如比分落后或裁判的不利判罚时，保持情绪稳定至关重要。能够冷静应对的运动员更可能以理性和清晰的头脑分析情况，从而作出明智的决策和应对策略。例如，在压力大的情况下，冷静的运动员可以保持专注，有效执行战术，甚至能够在逆境中找到逆转比赛的机会。

相反，情绪失控的运动员往往会遇到更多困难。情绪波动可能导致他们失去专注，影响判断力和反应速度，甚至可能导致过激的行为，如不必要的犯规或错误的决策。例如，过度的紧张可能导致运动员在关键时刻犹豫不决，而愤怒或沮丧可能导致他们做出冲动的选择。

因此，情绪管理成为提升运动表现的关键能力之一。通过学习和练习如何在比赛中控制和调节自己的情绪，运动员可以更有效地应对比赛中的各种情况，从而提高他们的整体表现。这种能力的培养不仅对运动员在竞技场上的成功至关重要，也有助于他们在生活中更好地应对压力和挑战。

3. 情绪管理在日常生活中的应用

情绪管理在日常生活中的应用非常广泛。情绪管理的技能不仅在体育领域中重要，在学生的日常生活和未来的社会交往中也同样发挥着关键作用。学会如何识别、理解和调节自己的情绪，有助于学生在学术学习、人际关系和职业发展等多个方面取得成功。

首先，在学术学习方面，情绪管理对于学生的表现至关重要。当学生面临考试、项目报告或重要演讲时，情绪管理可以帮助他们保持冷静和注意力集中，从而更好地处理学术压力。情绪稳定的学生更有可能保持积极的学习态度，克服挫折，提高学习效率。

其次，情绪管理对于人际关系的建立和维护也至关重要。学会识别和理解自己的情绪可以帮助学生更好地与他人沟通和解决冲突。情绪爆发和情绪不稳定可能会导致人际关系紧张，而情绪管理则可以帮助学生更好地处理这些情况，保持良好的人际关系。

最后，情绪管理在职业发展方面也发挥着关键作用。工作环境中常常会面临挑战和压力，而懂得管理情绪的员工更有可能在压力下保持高效和专注。此外，他们也更有可能与同事和领导建立积极的合作关系，这有助于职业晋升和成功。

情绪管理不仅在学术学习方面有益，还在人际关系和职业发展中发挥着关键作用。因此，教育机构和家庭应该重视对学生情绪管理的培养，帮助学生掌握这一重要的生活技能，以便他们在各个领域取得成功。

（二）自我认知的培养

体育活动为学生提供了一个独特的机会，可以引导他们进行自我认知和反思，以更好地理解自己在不同情境下的情绪反应模式。比如，在比赛中面对失败或成功这样的情境，学生被鼓励积极分析自己的情绪反应，从而更深刻地理解自己的情绪触发点和应对机制。

在竞技体育中，学生可能会经历胜利和失败，这些经历可以触发强烈的情感反应。通过体育活动，他们学会识别和分析这些情感，探讨为什么会感到兴奋、沮丧或紧张。这种自我认知有助于他们更好地理解自己的情绪模式，并意识到这些情感是如何影响他们的表现和行为的。

体育活动也教导学生如何管理情绪。当学生面临压力时，学会冷静下来、保持专注，或者在失败后保持积极的态度都是他们需要掌握的重要技能。通过不断的练习和自我反思，学生可以改进他们的情绪管理策略，提高应对挑战的能力。

体育活动为学生提供了一个独特的平台，可以培养他们自我认知的能力。通过分析情绪反应，理解情感触发点，并学会有效地管理情绪，学生不仅可以在体育领域取得成功，还能在日常生活和未来的职业生涯中受益匪浅。这些自我认知技能将帮助他们更好地理解自己，更有效地应对各种情境，从而取得更多的成就。

（三）社交技巧的提升

团队运动，如篮球、足球或排球，为学生提供了良好的社交技巧学习机会。在团队合作过程中，学生有机会学习如何与具有不同个性和背景的队友进行有效沟通和协作，以实现共同的目标。这种合作过程不仅要求言语沟通的技巧，还包括非言语沟通，如肢体语言和面部表情的理解和运用。

在团队运动中，学生必须与队友紧密合作，协调动作，制定战术，共同努力追求胜利。这要求他们学会倾听队友的建议和意见，表达自己的想法，并在紧张的比赛局势下保持冷静。这种沟通和协作的经验有助于学生发展出更强的人际关系技巧，提高他们与他人交往的能力。

团队运动也促进了非言语沟通的发展。学生必须学会通过肢体语言、眼神交流和面部表情来与队友沟通，特别是在嘈杂的比赛环境中。这种能力对于日常生活和未来的职业非常重要，因为有效的非言语沟通可以帮助人们更好地理解和与他人互动。

团队运动为学生提供了一个宝贵的机会，可以提升他们的社交技巧。通过与不同背景和个性的队友协作，学生不仅提高了言语沟通的能力，还发展了非言语沟通的技巧。这些社交技巧将在他们的生活和职业中大有裨益，帮助他们更好地与他人合作和建立良好的人际关系。

二、体育与健康教育的融合

随着社会的不断发展和进步，体育教育也在不断演变。在新时代的教育理念中，体育教育不再仅仅是锻炼身体的方式，更是一种全面培养学生的途径。其中，体育与健康教育的融合成为关注的焦点。这一融合不仅提高了学生的体能水平，还包括对健康生活方式的教育，如合理饮食、适度运动和精神健康的重要性。

首先，体育与健康教育的融合有助于促进学生的身体健康。通过体育活动，学生不仅可以锻炼肌肉、增强体力，还能提高心血管系统的功能、增加骨密度，从而减少患上一系列慢性疾病的风险。然而，若要身体健康仅仅依靠体育锻炼是不够的，健康教育的内容也至关重要。学生需要了解什么是健康饮食，如何保持适度的体重，以及预防疾病的方法。这种全面的健康教育可以帮助学生养成良好的生活习惯，终身受益。

其次，体育与健康教育的融合强调了身体和心理健康之间的密切关系。体育活动不仅对身体有益，还可以促进学生的心理健康。锻炼可以释放压力、减轻焦虑和抑郁的症状，提高学生的自尊心和自信心。但学生也需要了解到，精神健康同样重要。健康教育可以教导他们如何正确处理情感问题，如何建立积极的人际关系，以及如何应对生活中的挑战。通过综合考虑身体和心理健康，学生可以更全面地看待自己的健康状况，更好地应对生活中的各种困难和压力。

最后，体育与健康教育的融合有助于培养学生的综合素养。体育与健康教育的融合，不仅要求学生具备体育方面的技能，还要求他们具备健康教育方面的知识和意识。这种综合素养不仅有助于他们在学校中取得成功，还有助于他们的日常生活和未来的职业发展。具备了这种综合素养，学生将更容易做出健康的生活选择，更容易与他人建立良好的关系，更容易应对生活中的各种挑战。

体育与健康教育的融合是新时代教育的一个重要方向。这一融合不仅提高了学生的身体健康，还培养了他们的心理健康和综合素养。通过将体育与健康教育相互融合，我们可以为学生提供更全面的教育体验，帮助他们更好地迎接未来的挑战。这不仅有益于学生个体的成长，也有益于社会的进步。

三、社会技能的培养

体育教育在培养学生的社会技能方面发挥着重要作用。这包括团队协作、领导能力、公平竞争精神以及尊重和包容的培养。通过体育活动，学生学会如何在团队中有效合作，以及如何在竞争中保持诚信和尊重。

（一）团队协作

团队协作是体育活动中的一项关键技能，它在学生的发展中起到了不可或缺的作用。在体育比赛中，无论是足球、篮球还是其他集体运动，学生必须与队友协作，为了共同的目标而努力。这种协作不仅仅发生在比赛中，还贯穿于训练和战术制定的全过程。学生通过体育活动中的团队协作经验，培养了重要的沟通技能。他们学会了如何有效地与队友交流和协调，以便在比赛中更好地配合。这不仅包括言语沟通，还包括肢体语言和眼神交流。学生学会了倾听队友的建议和观点，表达自己的想法，并在困难的比赛局面中互相支持。

团队协作的经验不仅在体育领域有用，还在学校、工作和社交生活中发挥着关键作用。学生学会了如何与不同背景和个性的人合作，如何在集体中共同努力，如何解决困难和冲突。这些技能是社会交往和团队工作中的关键因素，对于学生的综合发展至关重要。

团队协作是体育教育中一个不可或缺的组成部分。通过学习如何与队友协作，倾听他人的观点，表达自己的想法，以及在困难时互相支持，学生培养了重要的社会技能，这些技能将在他们未来的生活和职业中发挥关键作用。体育活动不仅有助于学生的身体健康，还有助于他们成为更加有能力和有价值观念的社会成员。

（二）领导力

体育活动不仅是团队协作的场所，还是培养领导能力的理想平台。学生有机会在体育队伍中担任队长或领队的角色，这些经历对于他们的发展具有深远的影响。以下是关于体育活动培养领导能力的几点内容：

自信的培养：担任队长或领队要求学生在压力下表现出自信。他们需要相信自己的决策和领导能力，以便有效地引导团队。通过这种经验，学生逐渐建立了自信心，这不仅对体育领域有益，还有助于他们在生活中更加坚定地追求目标。

决策力的培养：领导团队需要做出关键决策，特别是在竞赛中。学生在领导团队时必须学会权衡各种因素，并在有限时间内做出明智的决策。这种经验有助于培养他们的决策能力，使他们能够在面临挑战和不确定性时更加从容应对。

组织能力的提高：领导团队还需要有效地组织和协调成员的活动。学生必须安排训练时间、比赛和团队活动，确保一切井然有序。这种组织能力的培养将对学生未来的生活和职业产生积极影响，因为在现代社会中，组织和时间管理是非常重要的技能。

倾听和理解他人：领导团队不仅仅是下达命令，还包括倾听和理解团队成员的需求和观点。学生在领导团队时必须学会与队友建立有效的沟通，并根据团队的整体目标做出决策。通过这种互动，他们学会了倾听和理解他人，这对于解决问题、处理冲突和建立良好的人际关系至关重要。

体育活动为学生提供了培养领导力的宝贵机会。学生通过担任队长或领队的角色，培养了自信、决策力、组织能力及倾听和理解他人的能力，这些技能对于他们未来的职业发展和社会交往都至关重要。因此，体育教育不仅有助于学生的身体健康，还为他们的全面发展提供了宝贵的机会。

（三）公平竞争精神

体育教育在培养学生的公平竞争精神方面发挥着重要作用。比赛是体育活动的核心组成部分，而在比赛中，学生不仅仅追求胜利，还学到了尊重对手、遵守规则以及克服失败的关键价值观。这些经验不仅在体育领域有用，还在学生的日常生活和未来职业中产生深远的影响。

首先，比赛中尊重对手是体育教育的一个重要教育目标。体育活动教育学生在竞争中尊重对手。无论比赛结果如何，学生都应该学会尊重对手的努力和能力。这种尊重不仅体现了体育道德的一部分，也在生活中培养了学生的公平竞争和合作精神。这些价值观可以延续到学生的日常生活中，帮助他们建立良好的人际关系和解决问题的能力。

其次，遵守规则是体育比赛的基本原则之一，也是培养公平竞争精神的基础。学生在体育活动中学会遵守比赛规则，这不仅有助于比赛的公正性，还强调了诚实和诚信的重要性，使他们明白胜利只有通过公平竞争才有意义，而不是通过舞弊或不正当手段获取。这种诚实的态度将贯穿他们的生活中，影响他们的决策和行为。

最后，克服失败也是体育教育的一部分。在比赛中，不是每个人都能获胜，有时候学生会面临失败和挫折。然而，体育教育教导他们如何积极面对失败，从中汲取经验教训，并不断努力提高。这种坚韧不拔的品质不仅在体育领域有用，还能在学生的日常生活中帮助他们克服各种困难，追求更高的目标。

体育教育通过培养公平竞争精神，塑造了学生的道德和伦理观念，使他们明白胜利虽然重要，但在竞技过程中的体验和成长同样重要。这种精神使他们成为尊重他人、守规矩的社会成员，为社会的和谐发展做出了积极的贡献。因此，体育教育不仅关注学生的身体健康，还培养了他们在社会中扮演积极角色所需的价值观念和品质。

（四）尊重和包容

体育活动在培养学生的尊重和包容意识方面发挥着重要作用。在团队中，学生可能来自不同的地方、种族，有着不同的文化背景和社会经验。通过共同参与训练和比赛，他们有机会与不同背景的队友合作，这为他们提供了了解和尊重个体多样性的机会。体育活动对尊重和包容意识的培养主要表现在以下几个方面。

1. 尊重每个人的差异

体育活动教导学生尊重每个人的差异。无论是在团队中还是在竞赛中，学生会遇到各种各样的队友和对手，他们可能拥有不同的文化背景、价值观和习惯。通过与这些个体互动，学生学会了欣赏和尊重这些差异，而不是对其进行歧视或存在偏见。这种尊重个体差异的价值观可以在学生的日常生活中产生深远的影响，帮助他们建立更加包容和多元化的社会观念。

体育活动也教育学生尊重每个人的个体能力和潜力。不同的学生可能在不同的体育项目中表现出色，而体育教育鼓励每个学生发挥自己的优势，并尊重他人的成就。这有助于学生树立自信心，认识到每个人都有自己的独特之处，并且可以为团队做出重要贡献。

体育活动不仅是对学生体育技能和体能的培养，还是一个培养尊重个体差异、包容性和自信心的重要平台。这些价值观和技能可以在学生的整个生活中发挥作用，促进更加和谐、理解和团结的社会关系。因此，体育教育在塑造学生未来的道德品格和社交素养方面发挥着重要作用。

2. 认识到个体多样性的价值

体育活动帮助学生认识到个体多样性是一种丰富和宝贵的资源。不同背景和观点的融合可以带来更广泛的想法和创新，这对于团队的成功至关重要。学生明白到多样性不仅是一种社会现象，还是一种资源，可以丰富他们的学习和生活经验。在体育领域，学生可能会与来自不同地区、文化和背景的队友一起竞技，这种经历可以拓宽他们的视野，让他们更好地理解和尊重多元文化。

3. 建立积极的人际关系

通过体育活动，学生有机会建立积极的人际关系。他们学会了与不同背景的人合作，并在团队中建立互信和合作的关系。这些人际关系技能在学生的社交生活中非常重要，也有助于他们更好地理解和尊重他人。

在体育队伍中，学生需要与队友协作，制定战略，共同追求胜利。这要求他们建立互信和有效的沟通，以实现共同的目标。这种技能在学生的日常生活中同样有用，他们可以运用这些技能来解决问题、处理冲突和与他人建立亲密的关系。

通过参与体育活动，学生也能够建立师生之间的积极关系。教练通常扮演着学生生活中的重要角色，他们不仅是技能的导师，还是榜样和支持者。学生与教练的互动可以增强他们的自信心，并为他们提供生活导向的建议和指导。

体育活动不仅有助于学生体能的提高，还培养了他们在社交生活中所需的人际关系技能。这些技能将伴随他们一生，并有助于他们建立积极的、支持性的社交网络。这也是体育教育在塑造学生综合素养方面的重要作用之一。

4. 在多元化的社会中融入

体育活动培养了学生融入多元化社会的能力。他们不仅学会了与不同背景的人相处，还能够在多样性的环境中应对自如。这种包容性的态度将在学生未来的职业生涯和社交交往中起到非常重要的作用，因为他们将面对各种文化和社会背景的人。

通过参与体育活动，学生有机会与来自不同文化、种族和社会经济背景的同学一起训练和比赛。这种多元化的交往使他们能够更好地理解和尊重不同文化的差异。学生学会了与各种背景的人协作，一起追求共同目标。这有助于他们在未来的职业生涯中更好地处理多元化的工作团队和客户群体。

体育活动也提供了一个平台，让学生在一个包容性的环境中建立友谊和社交网络。不论他们的背景如何，每个人都有机会在运动中融入团队，这形成了友善和互相支持的氛围。这种积极的社交经验有助于学生更好地适应多元社会，并建立有益的人际关系。

体育教育不仅有助于学生的身体健康和运动技能的提高，还培养了他们在多元文化社会中融入的能力。这种包容性的态度将成为他们未来成功的重要因素，无论是在职业生涯中还是在社交生活中。

体育活动通过培养尊重和包容意识，教导学生欣赏个体多样性，认识到个体多样性的价值，建立积极的人际关系，以及在多元化的社会中融入。这些技能不仅对学生的社交生活有益，还对他们的未来职业和全球公民素养产生积极影响。体育教育不仅强调身体健康，还培养了学生在多元社会中宽容和尊重的品质，这对于社会的和谐和共融具有重要价值。

体育教育在塑造学生的社会技能方面发挥着不可或缺的作用。通过团队协作、领导力培养、公平竞争精神和尊重包容的教育，学生不仅能够在体育领域取得成功，还能在生活的各个方面受益匪浅。这些社会技能将帮助他们成为更有价值观念、更有责任感、更能够与他人协作的公民。因此，体育与社会技能的培养相辅相成，共同为学生的全面发展做出了重要贡献。

四、终身体育观念的培养

终身体育观念是一种将体育活动视为一生的伴侣，持续参与运动和保持健康生活方式的意识。在新时代，体育教育越来越强调培养学生的终身体育观念，以建立健康、积极的生活方式。这一观念不仅对个人的身体健康有益，还有助于社会的整体健康和幸福。下面将探讨终身体育观念的重要性以及如何在体育教育和社会中培养这一观念。

（一）终身体育观念的重要性

1. 促进身体健康

终身体育观念的重要性在于它促进了身体的全面发展，通过将体育活动融入日常生活，带来了多方面的益处。第一，终身体育观念鼓励个体保持健康的体重。定期参与体育活动有助于控制体重，减少过度肥胖的风险。体育锻炼可以促进卡路里的燃烧，帮助个体维持在健康的体重范围内。第二，终身体育观念强调了肌肉和骨骼的增强。通过体育活动，个体可以增加肌肉质量和力量，这有助于提高身体的功能性，减少运动损伤发生的风险，并改善姿势和身体稳定性。此外，体育锻炼还有助于增加骨密度，降低骨折发生的风险，尤其是对老年人群体十分有益。第三，终身体育观念有助于降低慢性疾病发生的风险。定期参与体育活动可以促进心血管健康，降低高血压和高胆固醇发生的风险，减少心脏病和中风的发病率。此外，它还有助于控制糖尿病，改善胰岛素敏感性，减轻哮喘症状，并降低患癌症的风险。第四，终身体育观念的实践有助于提高免疫系统功能。体育活动可以增强免疫系统的抵抗力，使身体更能抵御感染和疾病。这有助于个体保持健康，减少生病的频率。第五，体育锻炼还有助于提高睡眠质量，使个体感到精力更加充沛和焕发活力。

终身体育观念的实践对于促进身体健康至关重要。它有助于维持健康的体重，增强肌肉和骨骼，降低慢性疾病的风险，提高免疫系统功能，提高睡眠质量，从而提高生活质量。因此，终身体育观念应该被广泛推广和实践，以确保人们的长期身体健康和福祉。

2. 促进心理健康

终身体育观念的实践对于心理健康产生了积极而深远的影响，体育活动不仅仅是身体锻炼，还有助于维持良好的心理状态。体育活动释放内啡肽和多巴胺等神经递质，这些化学物质能够提高情绪和产生愉悦感。运动被认为是一种自然的抗抑郁和抗焦虑的方式，能够减轻这些情感障碍的症状。在体育锻炼中，个体感受到身体的活力和快感，有助于改善情绪状态，减轻紧张和压力。

通过参与体育活动，个体可以建立自信心。在体育比赛或锻炼中取得进步和成就，会增加个体的自尊心和自信感。这种自信不仅在体育领域有用，还可以扩展到生活的其他方面。个体开始相信自己可以克服挑战和困难，这有助于塑造其积极的生活态度。终身体育观念还有助于提高自我认知。在运动中，个体需要集中精力，感知自己的身体状况和运动表现。这种自我观察有助于个体更好地理解自己的身体，包括强项和改进的空间。这种自我认知可以帮助个体更好地应对生活中的挑战和压力，制定适应性的解决方案。终身体育观念的实践还有助于培养积极的生活态度。参与体育活动的人通常更加积极，更有活力。他们学会了设定目标、坚持不懈和努力工作，这些品质可以在生活的其他领域产生积极影响。积极的生活态度有助于个体更好地应对挑战，享受生活，以及保持心理健康。

终身体育观念的实践对于心理健康具有显著的益处。体育活动通过释放愉悦的神经递质，帮助个体建立自信、提高自我认知和培养积极的生活态度，从而保持健康的心理状态。因此，体育锻炼不仅仅是对身体的投资，也是对心理健康的关怀，应该被视为保持身体健康的重要组成部分。

3. 促进社交互动和团队合作

终身体育观念的实践为社交互动和团队合作提供了丰富的机会，这对于培养个体的社交技能和团队合作能力产生了积极影响。

参与团队运动是建立社交关系的有效途径。在团队运动中，个体需要与队友密切合作，共同追求胜利。这促使他们建立互信和沟通的技能，学会倾听他人的意见，尊重差异，以及协调行动。这些技能在团队运动中得以培养，然后可以在平时的社交互动中得以应用。

参与集体健身班或体育俱乐部也有助于建立社交网络。这些活动提供了一个共同的兴趣和目标，吸引了具有相似兴趣的人。个体可以在这些活动中结识新朋友，扩展社交圈子，并建立长期的友谊。这种社交互动有助于个体在社交场合更加自信和舒适地展现自己。

团队合作是终身体育观念的核心之一。通过体育活动，个体学会了如何在团队中发挥作用，共同追求共同的目标。这对于工作场所和生活中的合作至关重要。个体培养了合作、协调和沟通的技能，这些技能在各个领域都有用武之地。团队合作不仅能在体育场上发挥重要作用，还在学校、单位和社会生活中发挥关键作用。

终身体育观念通过促进社交互动和团队合作，培养了个体的社交技能和团队合作能力。这些技能将在个体未来的职业生涯和社交生活中发挥关键作用，有助于其建立积极的社会关系和实现个人和团队的成功。因此，终身体育观念的实践不仅仅对个体的身体健康有益，还对促进其社交互动和团队合作产生了积极影响。

4. 对教育价值观的重要影响

教育价值观在个体的生活中扮演着至关重要的角色，而培养终身体育观念正是其中之一。终身体育观念会对教育价值观的重要影响，主要有以下几个方面。

（1）强调健康的重要性

终身体育观念强调健康不仅仅是一种理念，更是一种生活方式，它将健康的重要性置于个体的生活核心。这一理念鼓励个体将体育活动融入日常生活，将健康视为首要关注的领域，主要表现为以下几个方面。

首先，终身体育观念强调定期锻炼的必要性。个体被教导不仅在体育课或锻炼时进行身体活动，而且在日常生活中也应保持身体活跃。这种观念的积极结果之一是降低慢性疾病发生的风险。通过坚持锻炼，个体可以维持健康的体重、增强肌肉和骨骼，有效降低心血管疾病、糖尿病和高血压等慢性疾病的发生风险。这种重视健康的观念将伴随个体一生，激励他们养成积极的生活方式，预防健康问题的发生。

其次，终身体育观念鼓励个体关注饮食平衡和充足的休息。个体被教导不仅要关注身体活动，还应认识到健康的维持需要综合考虑多个因素。他们学会了如何通过均衡饮食来获得所需的营养，以及如何确保充足的睡眠和休息时间来支持身体的恢复。这种综合的关注有助于个体更好地管理自己的健康，预防疾病，提高生活质量。

终身体育观念将健康放在个体生活的首要位置。无论是年轻人还是老年人，终身体育观念都教导他们在各个生活阶段都应关注健康。这一观念不仅仅是一时的健身热潮，而是一种持久的生活方式，将伴随他们的整个生命。它引导他们在生活中做出健康的选择，从而降低疾病风险，提高生活质量，并为未来的幸福和成功打下坚实的基础。

终身体育观念强调健康不仅仅是一种理念，更是一种积极的生活方式。它塑造了个体对健康的持久关注，激励他们积极追求身体和心理的健康，并在各个生活阶段做出明智的健康选择。

（2）持续的学习和改进

终身体育观念强调体育活动是一个不断发展和进步的领域，个体通过体育活动学会了如何不断提高自己的体育技能和知识。这种价值观鼓励个体保持对学习的渴望，使其明白在任何年龄都可以继续学习和成长。这对于个体的整个教育经历将产生深远的影响。

终身体育观念教导个体在体育活动中持续学习和改进。体育领域不断涌现出新的技术和策略，而运动员需要不断更新他们的知识和技能，以保持竞争力。这种意识在学生的整个学术生涯中非常有益，他们学会了如何处理挑战、接受反馈并不断提高自己的表现水平。这种学习和改进的意识也能够迁移到其他学科和领域，鼓励个体在学术、职业和生活中追求卓越。这种价值观强调了不断学习和成长的重要性。终身体育观念认为学习不应该仅限于年轻人，而应是一个持续终生的过程。个体被教导在任何年龄都可以继续学习和发展，这种思维方式将鼓励他们积极参与教育和培训，不断提高自己的技能。这对于个体的职业生涯和个人成长具有显著的积极影响，他们更愿意接受新的挑战，追求更高的目标。

终身体育观念教导个体关于学习的态度和方法。他们学会了如何制定目标、规划学习过程、跟踪进度以及适应新的情况。这些学习策略是通用的，可以应用到各个学科和领域中。因此，这种观念培养了个体的学习能力，使他们更有信心地面对教育和职业中的各种挑战。

终身体育观念强调持续学习和改进的重要性，这不仅在个体的体育活动中，还在其整个教育经历和职业生涯中具有深远的影响。这种价值观鼓励个体保持对学习的渴望，不断提高自己的技能和知识，从而为个体的成功和成就打下坚实的基础。

（3）积极的生活态度

通过体育活动，个体学会了如何克服挑战、设定目标并取得成功。这种积极的心态将影响个体的生活方式，使他们更有信心、更有动力去追求自己的目标。这对于克服生活中的困难和挫折至关重要，能帮助他们更好地适应各种情况。

体育活动教导个体如何克服挑战。在参与体育比赛或训练时，个体可能会面临各种各样的挑战，如强大的对手、体能极限、伤害或逆境。通过努力克服这些挑战，他们学会了坚韧不拔、不屈不挠的精神。这种积极的态度将在生活中的困难时刻发挥作用，使个体更有信心地应对挑战，寻找解决问题的方法。

体育活动鼓励个体设定目标并为之努力。在体育领域，设定明确的目标是成功的关键之一。个体学会了如何制定可行的目标，并为之努力奋斗。这种能力可以迁移到其他方面，帮助他们规划自己的学习目标和职业生涯。有明确目标的个体更有动力，更有方向感，更有可能取得成功。

体育活动教育个体如何享受成功并从失败中汲取教训。在体育比赛中，胜利和失败都是常态。个体学会了如何庆祝胜利，同时也接受失败，并从中汲取经验教训。这种积极的心态将在生活中的各个领域产生积极影响，使他们更加坚韧、顽强。

通过体育活动，个体培养了克服挑战、设定目标和取得成功的能力。这种积极的心态将在他们的生活中产生深远的影响，使他们更有信心、更有动力去追求自己的目标，更好地适应生活中的各种情况。这些技能和价值观将伴随个体一生，对于其个人成长和职业发展具有重要意义。

（4）持续的运动参与

终身体育观念强调体育活动不仅仅是一段时间的锻炼，更是一种持续的生活方式，这对个体的未来有着深远的影响。主要体现在以下几个方面。

①习惯养成和健康维持。终身体育观念倡导个体将体育活动融入日常生活，形成每天锻炼的习惯。这意味着人们可以选择各种形式的体育活动，以确保身体得到全面的锻炼。这种坚持的习惯不仅有助于维持健康的体重，还能显著降低慢性疾病的风险，如心脏病、糖尿病和高血压。此外，每天的体育活动还能够增强心血管系统的功能，提高免疫系统的效能，使个体更有抵抗力，减轻日常生活中的压力，并改善睡眠质量。这种积极的生活方式将有助于个体提高生活质量，享受更长寿命，以及更健康、更充实的生活。在终身体育观念中，锻炼不再被看作一项任务，而是一种健康和幸福的生活方式的一部分。

②终身运动。终身体育观念强调体育活动不仅仅是一时的锻炼，而是一种持续的生活方式。这种理念鼓励个体在不同的年龄和生活阶段中积极参与体育活动，以维持身体的健康和活力。年轻人喜欢追求竞技运动的激情，而老年人则喜欢享受轻松的散步或瑜伽，无论是哪个年龄段的人都可以找到适合自己的锻炼方式。这种终身参与的态度有助于个体保持健康、活力和幸福感。

③职业生涯中的体育活动。终身体育观念鼓励个体将体育活动视为职业生涯中的重要组成部分，而不仅仅是一种业余爱好。这种态度有助于个体在工作中减轻职业压力，提高工作效率，以及更好地应对职场挑战。坚持参与体育活动可以帮助个体保持身体和心理的健康，使他们在工作中更有活力和耐力。特定职业领

域也受益于终身体育观念。例如，健身教练需要保持体格和健康，以示范运动技巧和指导客户。体育医生需要深入了解运动损伤和康复方法。体育教育工作者需要持续提高他们的知识和技能，以便更好地教导学生。在这些职业中，体育活动不仅仅是一种职责，还是职业的一部分，因此终身体育观念的培养对他们的成功至关重要。

④社交互动和团队合作。终身体育观念将体育活动视为社交互动和团队合作的重要组成部分。体育不仅是个体的锻炼，也是一个社交平台，让人们相聚、互动和共同实现健康目标。通过参与体育团队、俱乐部或团体健身班，个体不仅能够建立广泛的社交关系，还能与他人分享锻炼的乐趣，共同努力追求更健康的生活方式。这种社交互动和团队合作的体验不仅有利于个体的身体健康，还丰富了他们的社交生活，提高了他们的生活质量。在终身体育观念中，体育活动被看作一个有趣且有益的社交活动，有助于人们建立长久的友谊和互相支持的社群。

⑤自我成长和满足感。终身体育观念强调了体育活动作为一个不断学习和成长的过程，这个过程带来了独特的满足感和成就感，这些感受激励着个体坚持参与体育活动。在体育领域，个体往往不断面临挑战和机会，如尝试新的运动项目、提高技能水平及应对竞争压力等。终身体育观念鼓励个体不断学习新知识和技能。无论是学习关于健康的最新科学知识、掌握新的运动技巧，还是了解不同体育活动的规则和战略，个体都能够通过体育活动不断扩展自己的知识领域。这种积极的学习体验增加了参与体育活动的乐趣，使个体更愿意持续学习和改进。终身体育观念强调了体育活动作为一个充满挑战和机会的学习和成长过程，这种过程带来了独特的满足感和成就感，激励个体坚持积极参与，并不断提高自己的技能水平。这对于个体的身体健康、心理健康以及整体生活质量都具有积极影响。

⑥生活质量的提高。终身体育观念的实践可以显著提高生活质量。持续的运动参与有助于减轻压力、提高睡眠质量、促进心理健康，并提供积极的生活态度。这对于更好地应对生活中的挑战和逆境至关重要。在现代生活中，人们常常面临各种压力，如工作压力、家庭压力及社会压力等。通过定期参与体育活动，个体可以释放压力，缓解焦虑和紧张感。运动还有助于改善睡眠质量。规律的体育活动可以调整生物钟，帮助个体更容易入睡并获得更深、更健康的睡眠。终身体育观念还培养了积极的生活态度。个体通过体育活动学会了如何设定目标、克服挑战，并在竞技中取得成功。当个体能够在体育活动中体验到成就感时，他们会将这种态度带入日常生活，更好地应对生活中的困难和逆境。终身体育观念的实践

不仅有助于身体健康，还显著提高了生活质量。通过减轻压力、提高睡眠质量、增强心理健康和培养积极的生活态度，个体能够更好地应对生活中的挑战，享受更充实、更幸福的生活。

终身体育观念对于培养教育个体关于健康和运动的重要价值观具有深远的影响。这些价值观将伴随个体一生，指导他们在各个生活阶段做出积极的体育活动选择，提高生活质量，并实现个人和职业成功。因此，终身体育观念在教育中具有不可估量的重要性，不仅仅影响体育领域，还对个体的整体生活和发展产生积极影响。

（二）在体育教育中培养终身体育观念

在体育教育体系中，培养终身体育观念至关重要。以下是一些方法和策略。

1. 多样性的体育课程

提供多样性的体育课程对学校来说至关重要。这种多样性的课程包括各种不同类型的体育运动及舞蹈、瑜伽、健身等，旨在满足学生的多样化需求。这些多样性的体育课程不仅能够激发学生对体育活动的兴趣，还有很多好处。

首先，多样性的体育课程可以激励学生积极参与体育活动。因为他们可以选择适合自己兴趣和能力水平的课程，这种积极的参与有助于提高学生体育锻炼的动力，激发其学习兴趣，从而降低辍学率。

其次，多样性的课程有助于培养学生的终身体育观念。当学生有机会尝试不同类型的体育活动时，他们更有可能找到适合自己的终身运动，这将有助于他们在未来保持健康的生活方式。

再次，多样性的体育课程可以促进社交互动和团队合作。在团队运动中或集体健身班上，学生将与同学合作、分享经验，并一起努力实现共同的目标。这有助于建立社交关系和培养团队合作能力。

最后，多样性的课程有助于促进身体素质的全面发展。不同类型的体育活动可以锻炼不同的身体素质，包括力量、耐力、柔韧性、协调性等。通过尝试不同的运动，学生可以在多个方面提高自己的身体素质，而不仅仅是专注于某一种体育活动。

提供多样性的体育课程不仅能够满足学生的多样化需求，还有助于培养他们的终身体育观念，促进其身体健康和社交发展。这样的课程为学生的全面成长提供了重要支持，并为他们未来健康的生活方式奠定了坚实的基础。

2. 强调娱乐性体育活动

强调娱乐性体育活动在学校体育教育中具有重要意义。这种做法不仅能够吸引更多的学生参与，还有助于让体育活动成为一种愉快的、有趣的体验。

娱乐性体育活动打破了传统竞技体育的严肃氛围，使体育更加贴近生活。许多学生可能觉得竞技性体育过于竞争激烈或有压力，而娱乐性活动则提供了一种轻松、友好的氛围，让每个人都可以参与，不论他们的技能水平如何。娱乐性体育活动强调运动的乐趣和享受，而不仅仅是胜利或竞争。这有助于学生树立积极的态度，将体育活动视为一种愉快的方式来保持健康和身心放松。这种乐观的态度可以影响他们对体育的长期看法，鼓励他们将其视为终身的生活方式。娱乐性体育活动可以提供多样性的选择，以满足不同学生的兴趣，其中包括各种户外活动、团队游戏、舞蹈、瑜伽、健身课程等。学校可以定期轮换这些活动，以确保学生有机会尝试新的体育活动，找到适合自己的。娱乐性体育活动还有助于促进社交互动和团队合作。学生在愉快的氛围中参与活动时，更容易与同学建立友谊和合作关系。这不仅促进了社交互动，还培养了团队协作技能，这些技能在日常生活和职业中同样非常重要。强调娱乐性体育活动可以帮助学校树立健康的体育文化。通过鼓励学生将体育活动视为有趣和有益的经历，学校可以建立一个积极的体育环境，鼓励更多的学生积极参与体育活动，提高整个学校的体育水平。

强调娱乐性体育活动在学校体育教育中具有重要作用。这种做法不仅吸引更多学生参与，还有助于培养积极的体育态度、社交互动，促进学生的全面的健康。通过提供多样性的娱乐性体育活动，学校可以为学生提供更多选择，帮助他们找到适合自己的终身运动方式。

3. 鼓励家庭参与

鼓励家庭参与体育活动在推广终身体育观念方面发挥着重要作用。家庭参与体育活动有助于建立和谐的亲子关系，从而促进家庭团结。家庭成员一起参与体育活动，分享锻炼的乐趣，共同追求健康目标，这有助于促进家庭成员之间的沟通交流，增进亲子关系。这种参与可以为孩子树立积极的体育态度。当孩子看到父母和其他家庭成员将体育活动视为生活的一部分时，他们更有可能在自己的生活中积极参与体育。这可以帮助他们养成终身参与体育活动的习惯，从而更好地维持健康。家庭运动日或家庭健康挑战是一种促进家庭体育活动的方法。学校可以定期组织这些活动，邀请家庭成员一起参加各种有趣的运动和健康挑战，如跑步、骑自行车、户外运动比赛等。通过提供具体的活动，学校可以激发家庭成员的兴趣，鼓励他们积极参与。学校还可以提供有关家庭健康和体育活动的资源和建议，帮助家庭更好地规划和组织这些活动。这些资源可以包括锻炼计划、营养建议、安全提示等，以确保家庭成员在参与体育活动时保持健康和安全。

鼓励家庭参与体育活动是推广终身体育观念的重要途径。通过积极参与体育活动，家庭成员可以一起享受体育的益处，从而提高全家人的健康水平，培养积极的体育态度，并促进家庭关系的和谐友爱。这对于学生和他们的家庭成员来说都是一种受益终身的经验。

4.课堂健康教育

课堂健康教育在学校体育课程中扮演着关键的角色，它可以为学生提供有关身体健康和运动的重要知识。课堂健康教育强调运动对身体的益处。学生需要了解到，适度的体育活动对于维持健康的体重、增强肌肉和骨骼、促进心血管健康以及降低慢性疾病的风险至关重要。通过讨论运动如何提高体力、耐力和柔韧性，以及促进身体和心理的整体健康，可以激发学生对运动的兴趣。课堂健康教育还应教导学生如何安全地参与体育活动。这包括如何正确进行热身和冷却，如何选择适当的装备和鞋类，以及如何选择适合身心安全的运动项目。学生还需要了解如何注意身体的信号，以便及时休息和恢复，并学会预防和处理常见的运动伤害，如扭伤、拉伤和疲劳。健康教育还应包括关于适当的锻炼强度的内容。学生需要明白如何根据自己的体能水平和锻炼目标来选择适当的运动强度，应懂得如何分辨轻度、中度和高度的运动强度，以及如何逐渐增加锻炼的强度，以避免过度训练和受伤。学生应该明白，在不同的锻炼目标下，适度的强度是多么重要。

课堂健康教育还应涵盖与运动相关的饮食和营养知识。学生需要了解如何在运动前后合理进食，以满足能量需求和促进身体恢复。他们还应该明白饮水的重要性，维持适当的水分平衡，特别是在锻炼期间。通过提供这些详细的教育内容和方法，学生将更深入地理解运动对身体的益处，并在参与体育活动时更加安全和自信。这有助于培养学生终身的健康和运动观念，促进他们在未来的生活中保持健康的生活方式。

5.角色模型和鼓励

学校邀请运动员、教练或其他体育专业人士与学生分享经验和激励故事，是一种鼓励学生坚持终身体育观念的有效方法。

首先，选择合适的角色模型至关重要。这些角色模型应该与学生有共鸣，并能够激发他们的兴趣。他们可以是成功的运动员，拥有丰富的比赛经验，或者是专业的教练，能够传授专业技能和知识。无论如何，这些角色模型应该能够与学生建立联系，并分享与终身体育观念相关的真实故事。

其次，角色模型的分享应该着重强调终身体育观念的重要性。他们可以分享自己的体育经历，包括如何坚持锻炼、克服困难、设定目标以及保持积极的生活态度。他们还可以谈论体育如何对他们的生活产生了积极影响，不仅仅是身体上的，还包括心理、社交和职业方面。

再次，学校应该引导学生积极参与与角色模型的互动。学校可以组织座谈会、讲座、体育训练课程或体验活动，让学生有机会与这些角色模型亲密接触。这样的互动可以激发学生的兴趣，鼓励他们积极参与体育活动。

最后，学校应该鼓励学生将所学到的知识和方法应用到实际生活中。这可以通过组织体育活动、比赛、健康挑战或运动课程来实现。这些机会可以帮助学生将终身体育观念付诸实践，从而保持持久的健康生活方式。

通过有效地利用角色模型和鼓励学生，学校可以帮助他们树立终身体育观念，从而提高他们的生活质量、身体健康水平和综合幸福感。这不仅对个人有益，也有助于建立健康、积极的学校社区。

（三）在社会中培养终身体育观念

社会在培养终身体育观念方面起着关键作用。以下是在社会中培养这一观念的一些方法和策略。

1. 社区体育活动

社区体育活动是社区为居民提供的一项重要资源，它们不仅为居民提供了丰富多彩的运动和娱乐机会，还在多个方面促进了居民的身体健康和社交福祉。这些社区活动的多样性是其吸引力的一部分，它们包括各种各样的体育比赛、健身和健康课程、户外锻炼、冥想等。

通过社区体育活动，居民有机会尝试不同的运动项目，发现自己的兴趣和激情所在。无论是热衷于团队运动，还是更喜欢个人锻炼，社区体育活动都提供了一个平台，让居民能够积极参与并享受体育的乐趣。这有助于他们树立终身体育观念，使运动不再仅仅是一时的兴趣爱好，而是成为生活的一部分。

社区体育活动也强调了社交互动和社交关系的重要性。参与这些活动的人们可以与邻居、朋友和其他社区成员建立联系，分享锻炼的乐趣，并一起追求健康目标。这种社交互动有助于降低社交隔离感，提高社会支持系统的质量，增强个体的幸福感和社交幸福感。

社区体育活动不仅为居民提供了锻炼的机会，还为他们建立了坚持终身体育观念的动力。通过积极参与社区活动，居民可以培养对运动和健康的兴趣，将其视为生活的一部分，而不是单纯的任务。这种积极的态度将有助于居民长期坚持体育活动，从而提高身体健康、社交互动和整体生活质量。社区体育活动的重要性在于，它不仅关注个体的身体健康，还通过社交互动和终身体育观念的培养，为社区的整体福祉做出了贡献。

2. 媒体宣传

媒体在宣传体育活动的重要性以及健康生活方式方面扮演着重要角色。电视、广播、社交媒体和在线平台可以通过宣传体育活动、运动员的成功故事以及健康相关信息，来提高公众对终身体育观念的认识和理解。通过媒体的广泛宣传，社会成员可以认识到体育不仅仅是竞技，更是一种改善生活质量和健康的方式。

媒体的力量在于其广泛的传播能力。通过电视转播体育比赛，人们可以观看不同类型的运动，了解运动员的各种故事，从而激发他们对体育的兴趣。社交媒体平台允许人们分享他们的运动经历和健康成就，这可以激励他人积极参与体育活动。在线健康资讯和博客等资源可以提供关于健康生活方式的实用信息，帮助人们更好地理解如何通过体育活动保持自己的健康。

媒体还可以宣传体育活动对社会和心理的益处。通过报道运动员们如何通过坚持锻炼克服挑战，媒体传达了一个积极的信息：通过体育锻炼可以培养韧性、毅力和自律，这些品质在生活中也同样重要。此外，媒体可以强调体育的社交价值，通过团队合作、互助和共享经验来提高社交互动频率和社区凝聚力。

媒体在传播终身体育观念方面具有巨大的潜力。通过广泛宣传体育活动、健康生活方式和体育的社会益处，媒体可以激发公众的兴趣，鼓励人们积极参与体育活动，从而提高人们的整体健康和生活质量。媒体在这方面的作用是不可忽视的，有助于塑造积极的社会态度和价值观，将体育融入每个人的生活中。

3. 政策支持

政府和相关机构可以采取政策措施，支持和促进体育活动的开展。这包括在学校体育课程中增加多样性的体育项目、提供体育设施和资源，以及鼓励体育组织和社区团体的发展。政策支持有助于营造一个积极的体育文化环境，使更多人有机会参与体育活动。例如，政府可以提供补贴或奖励计划，鼓励学校和社区提供多样性的体育课程和活动。

学校体育课程是培养终身体育观念的重要平台，政府可以通过制定政策，鼓励学校提供各种类型的体育项目，以满足不同学生的需求。此外，政府还可以提供资金和资源，以改善学校体育设施，确保学生有合适的场地和装备参与体育活动。

政府可以通过提供赞助、补贴或奖励来支持体育组织和社区团体，以扩大体育活动的覆盖范围。政府还可以推动社区体育设施的建设，以确保居民有机会参与各种体育活动。

政府和相关机构的政策支持对于促进终身体育观念的普及和推广至关重要。通过制定有针对性的政策，政府可以创造一个友好的体育环境，使更多的人能够享受体育活动的益处，从而提高他们的整体健康和生活质量，进而促进社会的健康发展。

4. 体育文化的培养

社会应该培养一种积极的体育文化，强调参与、健康和团队合作。这可以通过举办各种体育赛事、宣传优秀运动员的成就、弘扬体育精神和道德价值观来实现。体育文化的培养有助于激发人们对终身体育观念的兴趣。社会可以通过表彰那些在体育领域做出卓越贡献的个体，鼓励更多人投入体育活动中。

体育赛事不仅可以激发竞技精神，还可以促进社会团结和互动。社会可以支持和鼓励各种体育比赛，从学校级别的比赛到国际级别的赛事，以提供多样的体育体验和机会。此外，宣传杰出的运动员和他们的成就对于树立体育偶像和榜样非常重要。这可以激励年轻一代追求体育活动，使其相信通过坚持和努力，他们也可以取得成功。

体育文化的培养还涉及传播体育精神和道德价值观。这包括团队合作、公平竞争、尊重对手和遵守规则等方面的价值观。社会可以通过教育和媒体来强调这些价值观，以确保体育活动是公正和道德的。这不仅有助于塑造积极的体育文化，还有助于树立终身体育观念的核心价值观。

社会在培养积极的体育文化方面发挥着关键作用。通过支持体育赛事、宣传优秀运动员、传播体育价值观，社会可以鼓励更多的人积极参与体育活动，并将终身体育观念融入他们的日常生活中。这将有助于提高人们的整体健康水平，增强社会的团结和凝聚力。

终身体育观念的培养对于个人的身体健康、心理健康和社交互动至关重要。

它有助于建立积极的生活态度和价值观。通过社区体育活动、媒体宣传、政策支持和体育文化的培养，社会可以促使个体更多地参与体育活动，并将终身体育观念融入他们的生活方式中。这将有助于建立一个更健康、更积极的社会，使每个人都能享受到体育活动的益处，提高生活质量。

通过这些方面的综合发展和创新实施，新时代的体育教育纲领强调的是一个全面和综合的教育目标，不仅仅局限于传统的体能和技能培养，更重视在情感智力、社会技能和终身体育观念等方面的发展。这要求体育教育工作者更新教学理念，开发适应新时代需求的教育内容和方法，以便更好地培养适应现代社会的全面发展的学生。

第三章　中国高校体育教育的主客体模式及其问题

本章主要内容为中国高校体育教育的主客体模式及其问题，分为三个小节，第一节讲述了中国高校体育教育中的主客体模式，第二节提出了中国高校体育主客体教育模式的优势与不足，第三节论述了中国高校体育主客体教育模式存在问题的表征。

第一节　中国高校体育教育中的主客体模式

一、体育运动认识论中的身心二元论

身心二元论在体育运动的认识论中是一个重要的概念，它将身体和心理视为两个独立的、相互分离的实体。在中国高校体育教育的背景下，这一理论对体育教学和学生的身心发展有着深远的影响。

（一）身心分离的观点及问题

在身心二元论的影响下，体育活动通常被视为身体锻炼的途径，而对心理、情感和社会层面的关注则相对较少。这种观点将体育活动简化为纯粹的身体行为，忽略了运动对个体整体健康的多方面积极影响。这种身心分离观点会造成以下几个方面的问题。

首先，这种观点可能导致体育教育的重点集中在提升学生的体能和运动技能上。学校体育课程可能更多地侧重于教授体育技巧和战术，而忽视了运动在促进学生身心健康方面的潜在益处。学校会要求学生不断提高体育成绩，而忽略了他们其他关键方面的发展，这会使学生感到压力。

其次，这种观点可能导致忽视学生的心理健康。体育活动不仅有助于身体健

康，还可以在情感和心理层面产生积极影响。忽视心理健康可能导致学生在面对压力、焦虑和情感挑战时无法有效地应对。这可能会影响他们的整体幸福感和学业成绩。

再次，身心分离的观点还可能限制了学生社交技能的发展。体育活动是一种团队合作和互动的机会，可以帮助学生学会与他人合作、解决冲突、建立友谊和培养领导力。然而，如果只关注身体层面，就可能无法充分挖掘这些社交技能的潜力。这可能会在学生的社交生活和未来职业中产生负面影响。

最后，这种观点还可能忽略了情感调节和自信心的重要性。运动可以帮助学生提高情感调节能力和自信心。通过面对挑战、克服失败和取得成功，学生可以建立更强大的情感韧性和自信心。然而，如果体育教育只关注技能训练，就可能无法达到这些重要的心理和情感目标。

为了更全面地发挥体育活动的教育潜力，我们应该超越身体锻炼，将更多关注放在心理、情感和社会层面的发展上。这需要采用综合的教育方法，将身体、心理和社交层面的发展有机结合，以更好地满足学生的多元化需求和发展目标。这样才能确保体育教育在培养健全人格和社交能力方面发挥其最大的优势。

（二）对教学实践的影响

在身心二元论的指导下进行的体育教育中，教学实践往往更加注重技术和规则的传授，而对学生的情感参与和心理体验给予较少的关注。这种教学方法可能对学生产生以下影响：

1. 缺乏深层次的参与和兴趣

当教学侧重于技术性的细节和比赛规则时，学生可能只将体育活动视为一种任务，而不是一种有趣和令人满足的体验。这可能导致他们缺乏深层次的参与和兴趣，仅将体育视为完成课程要求而已，而非一种积极的生活方式。

2. 阻碍乐趣和满足感的体验

忽视情感和心理层面的教学实践可能阻碍学生充分体验运动所带来的乐趣和满足感。体育活动不仅是身体锻炼的途径，还可以成为情感表达、克服困难和获得成就感的平台。如果教育过程中不注重培养学生的情感参与和心理体验，他们可能会错失体验运动乐趣的机会，这将限制他们对体育活动的深入理解。

3. 社交和情感能力的发展受限

忽视情感和心理层面的教学实践还可能导致学生在体育活动中无法充分培养

个人情感表达、团队合作和社交技能等重要能力。体育活动通常是团队合作的机会，学生需要学会与队友协作、理解和尊重对手，以及处理竞技中的情绪。如果教育过程只强调技术和规则，学生可能错过了培养这些关键社交和情感技能的机会，这将限制了他们在社交和情感方面的发展。

体育教育需要重新思考教学实践，以超越简单的技术和规则传授。教育者可以采用更综合的方法，包括情感教育、心理健康支持以及团队合作和领导力培训，以确保学生在体育教育中获得全面的发展。通过关注学生的情感、心理和社交发展，体育教育可以更好地满足学生的多元化需求，激发他们对体育活动的兴趣和内在动力，同时也帮助他们全面发展个人情感和社交能力，从而释放出体育教育在学生全面发展中的潜在价值。

（三）对教学改革的启示

对于身心二元论在体育运动中应用的反思，为体育教育的改革提供了重要的启示。这种反思指出，教育者在体育教学中不应仅仅关注学生身体能力的提升，更应全面地考虑学生的心理健康、情感表达和社交互动能力的培养。这一观点强调了体育教育在促进学生全面发展方面的潜力，提倡在体育课程中整合对学生情绪、心理状态的理解和支持。

通过这种更加综合的教育方法，学生不仅能够在体育活动中提高其身体素质，还能发展必要的社交技能、团队合作能力、自信心和情感智力。传统的体育教育模式可能过于强调身体锻炼和技术提升，忽视了学生的情感体验和心理健康。然而，这些方面对于学生的全面发展和终身学习至关重要。

这种教育模式的转变有望创造一个更为丰富和支持性的学习环境，使体育教育不仅是关于身体训练的过程，更是学生个人成长和全面发展的重要部分。教育者可以在体育课程中引入情感教育、情感智力的培养和团队合作项目，以帮助学生更好地理解和管理自己的情感，提高他们的情感智力，同时也促进他们在团队中更好地进行协作和沟通。

反思身心二元论的应用为体育教育的改革提供了宝贵的启示，强调了心理健康、情感表达和社交互动在学生全面发展中的重要性。这一改革有助于培养更具综合素质的学生，使他们在未来的生活和职业中更有信心、更有社交技能，从而为社会的繁荣和进步做出积极贡献。

身心二元论的体育运动认识论在中国高校体育教育中的应用揭示了对现有教育理念和实践的深入反思，尤其是在如何更有效地整合身体和心理两个方面的教育内容上的反思。这种反思促使教育者和政策制定者重新调整体育教育的目标和方法，以更好地满足学生的全面发展需求。

二、主客体形式的教学论

在中国高校体育教育中，主客体形式的教学论作为一种普遍的教学模式，展现了一系列特点，其中教师和学生分别扮演着主体和客体的角色。这种模式在教学过程中主要体现在以下几个方面。

（一）以教师为中心的教学方式

以教师为中心的教学方式在中国高校体育教育中一直占据主导地位。在这种方式下，教师扮演着主导和掌控教学过程的角色。以下是对这种教学方式的详细探讨。

1. 教师主导教学过程

在以教师为中心的教学方式中，教师主导着整个教学过程。他们不仅制定课程的学习目标，还决定教学内容和进度。教师负责选择教材和教学方法，以及制订课堂计划和教学日程。此外，他们还扮演着评估学生学术表现的角色，决定考试、测验和作业的形式和要求。在这种教学方式下，教师被视为知识的传授者和课堂的主要组织者，而学生则被视为消极接受知识和信息的对象。

这种教学方式强调了教师的权威性和知识传递的单向性。教师被视为知识的权威源泉，学生期望通过被动地倾听、记忆和重复来获取这些知识。教师通常采用传统的讲授法，将信息传递给学生，而学生的角色则被限制为接受知识的容器。

然而，这种教学方式可能限制了学生的主动性和创造力。学生在被动地接受信息的过程中，可能缺乏提出问题、探索和思考问题的机会。这也限制了学生对学习内容的深入理解和个人见解的形成。此外，这种教学方式不利于培养学生的批判性思维和解决问题的能力，因为它更强调知识的传授而不是知识的共同构建。

体育教育从业者需要重新思考教学方式，以更好地激发学生的学习兴趣，鼓励他们的主动参与，并更好地满足个性化学习需求。这包括采用更加互动和以学生为中心的教学方法，以创造一个更为丰富和支持性的学习环境，使体育教育不仅仅是知识传授的过程，更是学生个人成长和全面发展的重要组成部分。

2. 教师主导的局限性

以教师为中心的教学方式存在一些明显的局限性。首先，它阻碍了学生的主动性和创造力。学生在被动地接受信息的过程中，缺乏探索和解决问题的机会，这是批判性思维的重要组成部分。他们更多地关注如何满足教师的要求，而不是培养自己的思考能力。这导致学生在课堂上缺乏积极性，降低了他们对学习的投入和兴趣。

其次，以教师为中心的教学方式可能导致课堂变得单一和缺乏创新。教师通常按照固定的模式传授知识，学生被要求按部就班地接受。这种教学方式限制了教育过程的多样性和活力，使课堂变得乏味和缺乏新鲜感。学生可能失去对学科的兴趣，因为他们未能体验到学科的多样性和实际应用。

再次，以教师为中心的教学方式忽视了学生的个体差异和学习需求。教师通常采用一种标准化的教学方法，难以满足不同学生的需求。这导致一些学生在教育过程中感到被忽视，因为他们的学习方式和兴趣与教学方式不相符。

最后，这种教学方式不利于学生的综合素养和终身学习能力的培养。学生在被动地接受知识的过程中，可能缺乏培养批判性思维、解决问题和自主学习的机会。这可能对他们未来的职业和生活发展产生负面影响，因为在未来的职业生涯和生活中，终身学习和适应不断变化的环境变得越发重要。

以教师为中心的教学方式存在一些显而易见的挑战和局限性，体育教育从业者需要不断反思和改进教学方法，以更好地满足学生的需求，激发他们的学习兴趣，培养他们的批判性思维和自主学习能力，为其未来发展创造更多的机会。

3. 个性化学习的挑战

每位学生的学习需求和兴趣都不同，但以教师为中心的教学方式往往难以满足个性化学习的需求。课程内容通常是标准化的，无法充分考虑到学生的多样性和差异性。这种标准化的教学方法会使一些学生感到失望或挫败，因为他们发现课堂内容不符合他们的兴趣或学习节奏。这会导致一些学生失去对学习的积极性，甚至对体育活动失去兴趣。

个性化学习的挑战还表现在评估和反馈方面。在以教师为中心的教学模式下，评估通常是基于标准化的考试和测验，这难以反映每位学生的个体成长和学习进展。一些学生可能在标准化测试中表现不佳，但在实际运动中展现出卓越的技能和理解能力。因此，这种教学方式可能无法准确评估每位学生的能力和潜力。

个性化学习的重要性在于满足每位学生的学习需求，激发他们的学习兴趣，提高他们的学习动力，并培养他们的个性化技能和能力。因此，体育教育者需要思考如何调整教学方式，以更好地支持个性化学习，包括提供不同水平的教学内容、灵活的学习路径和多样化的评估方法。这将有助于激发每位学生的学习潜力，提高他们的学习体验，并在体育教育中创造更多的机会。

4. 对学生体育兴趣的抑制

以教师为中心的教学方式还可能影响学生对体育活动的兴趣和参与度。学生可能无法在课堂上真正体验到体育活动的乐趣和成就感，因为这种教学方式将重点过多地放在了知识传授上，而不是实际参与和运动体验上。这可能导致一些学生对体育课程感到枯燥乏味，甚至产生对体育活动的抵触情绪。此外，以教师为中心的教学方式可能忽视了学生的个体兴趣和体育偏好。教师通常按照固定的课程计划和教材来教授体育课程，而不充分考虑到学生可能对某种体育项目或活动有特殊的兴趣。这可能导致一些学生无法选择他们真正热爱的体育活动，从而限制了他们在体育领域的探索和发展。

体育兴趣的抑制也可能影响学生长期参与体育活动的意愿。如果学生在体育课程中没有积极的体验和乐趣，他们可能就不会愿意继续参与体育活动，无论是在学校还是在日常生活中。这可能会对他们的身体健康和生活方式产生负面影响。体育教育者需要思考如何通过更具吸引力和参与性的教学方式来激发学生对体育的兴趣。这包括提供多样化的体育活动选择，鼓励学生参与决策和规划课程内容，以及创造积极的体育体验等。通过更注重学生的需求和兴趣，体育教育可以成为学生全面发展的重要组成部分，而不仅仅是知识传授的过程。

以教师为中心的教学方式在当前中国高校体育教育中仍然占主导地位，但它面临着一系列的挑战和局限性。因此，教育者和体育教育从业者被鼓励探索更加互动和以学生为中心的教学方法，以更好地激发学生的学习兴趣，培养他们的批判性思维和解决问题的能力，并更好地满足个性化学习需求。这将有助于创造一个更为丰富和支持性的学习环境，使体育教育不仅仅是知识传授的过程，更是学生个人成长和全面发展的重要组成部分。

（二）学生的被动接受角色

在主客体形式的体育教学模式中，学生的角色通常被界定为被动的接受者，这种定位对学生的学习体验和发展产生了多重影响。在这种模式下，学生作为教学过程中的“客体”，他们的主要任务是接受教师传授的知识和技能。这种学习方式导致学生的主动性和灵活性在很大程度上受到限制，他们在学习过程中的角色往往被简化为信息的接受者。这种被动接受的学习角色可能导致以下几个主要问题。

1. 缺乏探索和质疑的机会

在主客体形式的体育教学模式中，学生往往被置于一个主要接受教师指导的被动位置。这种学习方式可能会限制学生自主探索和质疑所学知识的机会。由于教学重心集中在教师的讲授和指令上，学生的主动性和探究欲望会受到抑制。

在这种情况下，学生不能充分培养批判性思维能力，即对信息进行分析、评估和质疑，并由此形成自己独立见解的能力。批判性思维对于学生的认知发展和终身学习都至关重要。此外，当学习方式主要是被动接受时，学生可能缺乏将所学应用于新情境和解决现实问题的机会，这限制了他们解决问题和创新思维的能力。缺乏自主探索和质疑的机会还可能导致学生对学习内容的兴趣和动力下降。当学生感觉自己在学习过程中缺乏参与和影响力时，他们会对学习感到不够投入。因此，被动的学习角色可能会影响学生在体育教育中的整体表现和长期兴趣。

为了应对这些挑战，教育者需要寻找方法来激励学生在学习过程中更加主动和积极参与。这包括设计更多的互动性和探究性学习活动，鼓励学生对学习内容提出问题，以及在教学过程中为学生提供更多的选择和自主权。通过这些努力，可以促进学生的主动学习，培养他们的批判性思维，以及提高他们对学习的整体兴趣和参与度。

2. 创造性和想象力的抑制

在主客体形式的体育教学环境中，学生往往处于一个依赖于接受和重复教师所授知识的状态。这种教学模式可能对学生的创造性和想象力造成明显的抑制。由于学生的角色被限定在被动接受知识的范围内，他们缺乏自主探索所学知识和将其应用于新情境的机会。这不仅限制了他们在学习过程中的创造性表达，还可能抑制他们解决问题能力和创新思维的发展。在这样的教学环境中，学生往往被鼓励记忆和复制标准答案或技术动作，而不是被鼓励去思考这些知识背后的原理或将这些技能应用于不同的情境。这种方式可能导致学生的学习变得机械化，缺乏深度和灵活性。他们可能会逐渐失去对学习内容的深入理解，以及将所学应用于实际情境的能力。此外，创造性和想象力的培养需要一个开放和鼓励探索的环境，而一个过度注重重复和接受的教学环境可能无法提供这样的条件。学生可能会感到自己在学习过程中缺乏自主性和控制力，从而导致他们的创新思维和自主学习能力受限。

为了促进学生的创造性和想象力的发展，体育教育需要采取更加灵活和开放的教学方法，鼓励学生积极参与、自主探索，并将所学知识应用于新的情境。这样的教学策略可以帮助学生发展成为能够独立思考、创新解决问题的学习者。

3. 学习的表面化

在以接受和记忆为主的学习模式下，学生的学习体验往往变得表面化，这意味着他们可能没有充分理解或内化所学的知识。这种学习方式通常集中在记住事实、概念和程序，而不能理解其背后的原理或探究更深层次的含义。由于缺乏深度的理解和思考，学生可能只是暂时记住信息，用于应付考试或完成任务，而不是真正掌握和吸收知识。

这种表面化的学习对学生的长期知识掌握和应用能力产生了负面影响。当学习仅仅停留在记忆层面，学生可能难以将所学的知识和技能转化为解决实际问题的能力。例如，在体育教学中，学生可能能够记住运动规则或技巧，但如果他们没有理解这些技巧背后的原理，就可能在实际运动中难以灵活运用。此外，表面化的学习也可能影响学生对学习内容的兴趣和动力。当学习变得枯燥且与实际生活脱节时，学生会感到缺乏参与感。他们会因此对学习缺乏热情，因为他们感觉自己在重复无意义的任务，而不是参与有意义的探索。

为了避免学习的表面化并提高学生的实际应用能力，教育者需要创造更加丰富和互动的学习环境。这包括鼓励学生探究和应用所学知识，提供更多实际案例和实践活动，以及促进学生之间的讨论和合作，从而帮助他们建立对知识的深层理解和长期记忆。通过这样的教学方法，学生可以更有效地将所学知识应用于实际情境，从而提高他们的综合能力和学习动力。

4. 学习动力和兴趣的减弱

当学生在学习过程中感到自己的参与度和控制力不足，尤其是在以教师为中心的主客体教学模式中，他们的学习动力和兴趣可能会显著下降。这种学习环境可能导致学生感觉自己在教育过程中缺乏重要性，他们的个人需求、兴趣和观点未能得到充分的考虑和重视。这种缺乏参与感的学习体验可能导致学生对学习过程感到不满和不投入，进而影响他们的学习动力。学生会觉得学习活动与自己的兴趣和生活实际脱节，因而对学习内容产生冷漠态度。此外，当学生意识到他们的努力和参与在学习成果上没有显著体现时，他们可能会感到挫败和无力，这种情绪会进一步降低他们的学习动力。

长此以往这种情况会导致学生对学习缺乏持续的热情和兴趣，从而影响他们的学习成效。缺乏兴趣和动力的学生可能不愿意投入额外的时间和精力去探索学习内容，对于掌握深层次的理解和技能也会显得漠不关心。这不仅影响了他们在学校的学习表现，也可能对他们的长期教育目标和职业抱负产生不利影响。因此，为了避免学习动力和兴趣的减弱，教育者需要采取措施确保学生在学习过程中能够感到自己的参与是有价值的。这包括采用更多的以学生为中心的教学策略，鼓励学生在课堂上积极参与、提问和讨论，以及在教学设计中考虑学生的兴趣和需求。通过这些方式，学生可以在更加积极和互动的学习环境中发展，从而提高他们的学习动力和兴趣，同时促进他们的长期学术和个人发展。

主客体教学模式的这种被动学习定位限制了学生在多方面的发展，尤其是在培养主动性、创造性思维和深入理解方面。为了克服这些限制，教育者需要寻求更加互动和以学生为中心的教学方法，这样的教学策略可以更好地促进学生的积极参与、自主学习，以及创新和批判性思维的发展，从而更全面地满足学生的学习和发展需求。

（三）知识传递的单向性

在主客体形式的教学模式中，知识传递通常呈现出一种单向性，即从教师到学生。这种教学方式强调教师作为知识的权威和传授者的重要作用，而学生则被视为接受知识的容器。这种单向的知识流动可能导致以下几个问题。

首先，当知识传递主要是单向时，学生在课堂上的参与度会受到限制。他们更多地处于被动接受的状态，而不是积极参与和探索学习内容。这种被动性可能导致学生缺乏参与课堂讨论和活动的机会，从而影响他们对学习材料的深入理解和兴趣。

其次，单向的知识传递减少了学生对学习内容进行质疑和批判性思考的机会。在这种教学环境中，学生可能被鼓励接受教师的观点而不是挑战或质疑它们。这种缺乏批判性思考的教学方式限制了学生发展独立思考和分析问题的能力。

最后，单向知识传递会影响学生解决问题的能力。当学生习惯于被动地接受信息时，他们可能不会学习如何将所学知识应用于新的或复杂的问题。这会导致他们在面对需要创新和独立思考的挑战时感到无能为力。

为了克服这些限制，教育者需要采取措施鼓励双向的知识交流和学生的主动参与。这包括鼓励学生提出问题、参与课堂讨论、进行小组合作和独立研究等。通过这种方式，学生不仅可以接受知识，还能够积极地参与知识的构建过程，培养批判性思维、创新能力和解决问题的能力。教育者可以通过设计互动和探究式的学习活动来实现这一目标，从而创造一个更加动态和参与性强的学习环境。

（四）课堂互动的限制

在主客体形式的教学模式中，课堂互动常常受到限制，这主要是由于教学过程过分侧重教师的讲授和控制。在这种环境中，教师通常是课堂活动的主导者，而学生的作用往往被简化为接受知识的对象。这种单向的教学方式会导致以下几个问题。

1. 学生参与度的降低

在主客体教学模式中，教师的持续主导地位会显著限制学生在课堂上的参与。在这种模式下，教师通常是课堂信息和知识的主要源泉，而学生的角色往往被简化为被动的听众。在这样的教学环境中，学生参与课堂讨论和活动的机会会受到严重限制，他们会觉得自己在课堂上的作用不够重要或被边缘化。

这种情况可能导致学生感觉自己的观点和想法没有得到足够的重视或鼓励。当学生的意见和反馈在教学过程中不被重视时，他们会感到自己对课堂内容的影响力有限。这种感觉会进一步降低他们在课堂上积极参与的动力，导致他们在学习过程中变得更加被动和消极。此外，缺乏充分的参与机会还会影响学生对学习材料的兴趣和参与度。当学生觉得课堂活动和讨论与自己的经验、兴趣或需求不相关时，他们可能对学习内容感到无关紧要或乏味。这种情况会导致学生在课堂上缺乏参与感，甚至可能导致对学习整体的不满和消极态度。

为了提高学生的参与度和积极性，教师需要采取措施促进更加平衡和互动的课堂环境。如鼓励学生表达自己的观点，积极参与课堂讨论，以及在课堂活动中扮演更加积极的角色等。通过这些措施，教师可以帮助学生感到自己在学习过程中是重要的参与者，从而提高他们的参与度和对学习的投入感。

2. 互动机会的减少

在主客体形式的体育教学中，通常采用以教师为中心的教学模式，这往往导致学生与教师之间真正的互动机会显著减少。在这种模式下，教师主导课堂，而学生的角色通常被限制在对教师提问的回答上。这类互动通常是片面的，缺乏深度和持续性，主要是教师问问题，学生回答，而不涉及更深层次的对话或思考。

这种缺乏深度的互动方式不足以充分激发学生的思考和课堂参与。学生会觉得课堂互动仅仅是完成任务，而不是一个探索和理解新知识的过程。由于互动机会有限，学生难以深入探讨学习主题或在课堂上表达自己的观点和想法。这种情况会导致学生在学习过程中缺乏积极性和投入感。此外，当学生感觉他们的意见和想法不被重视或考虑时，他们会感到沮丧和被忽视。这种情感上的反应会进一步抑制他们在课堂上的参与意愿，使他们在学习过程中更加消极。

为了提高课堂上的互动质量，教师需要采取措施鼓励更开放和双向的沟通。如设计更多的讨论、小组合作、角色扮演和其他互动式活动，这些活动可以鼓励学生表达自己的想法，与同学和教师分享见解，从而提高课堂互动的质量和深度。通过这些方法，学生可以在一个更活跃和参与性更强的环境中学习，从而提高他们的学习动力和参与度。

3. 学习动力和兴趣的影响

在主客体教学模式下，学生往往感到自己在学习过程中的角色相对被动，缺乏积极参与和深度互动的机会。这种被动的学习体验会导致学生感到课堂活动缺乏吸引力和相关性，从而影响他们的学习动力和兴趣。当课堂内容主要由教师控制，而学生的角色仅限于接受知识，学生会感到教学内容和个人的实际生活经验脱节，这进一步降低了他们投入学习的热情。

这种缺乏参与感的学习环境可能导致学生在课堂上的兴趣减少，特别是当教学内容和方法不能引起他们的好奇心或与他们的兴趣点不相吻合时。学生会觉得学习内容枯燥无味，难以激发他们探索和进一步了解的愿望。这种情况不仅影响学生的即时学习体验，还会影响他们对未来学习的态度和兴趣。此外，当学生在学习过程中感到自己的努力和参与对学习成果影响不大时，他们会感到挫败和无力。这种感觉会导致他们在学习中的投入度下降，甚至可能产生对学习的抵触情绪。长期来看，这种缺乏动力和兴趣的态度可能对学生的学术成就和终身学习的态度产生不利影响。

为了提高学生的学习动力和兴趣，教育者需要采取措施创造更加参与性和互动性的学习环境。如将学生的兴趣和生活经验融入教学内容，采用更多的互动式和探究式教学方法，以及鼓励学生在学习过程中扮演更主动的角色等。通过这些方法，学生可以在一个更激发兴趣和鼓励参与的环境中学习，从而提高他们的学习动力和对学习的长期热情。

4. 学习体验的枯燥感

在主客体形式的教学模式中，课堂通常缺乏足够的互动和学生参与，这可能导致学习体验变得单调和枯燥。当教师在课堂上主要进行单向讲授，而学生的角色仅限于听讲和记忆，这种模式会使课堂变得缺乏活力和吸引力。学生可能会觉得课堂活动重复且无趣，特别是当这些活动与他们的个人兴趣、经验或学习风格不相符时。

这种枯燥的学习体验会对学生的学习兴趣和积极性产生负面影响。缺乏参与和互动的课堂环境可能导致学生对学习内容感到无关紧要或不感兴趣。此外，当课堂内容过于理论化或脱离实际应用时，学生可能难以看到所学知识的实际意义和应用价值，这进一步加剧了他们的枯燥感。

长期处于这样的学习环境中，学生可能逐渐失去对学习的热情和动力。他们会觉得参与课堂活动和完成学习任务是一种义务，而不是一种享受或有意义的活动。这种情绪会导致他们在学习过程中的投入度降低，对于深入探索和理解学习内容的意愿减弱。

为了克服这种枯燥感，教育者需要采取措施使课堂更加生动和吸引人。教育者可以引入更多的互动式和参与式教学活动，如小组讨论、实际案例研究、角色扮演和游戏化学习，以及将学生的兴趣和生活经验融入教学内容。通过这些举措，教育者可以提高课堂的活力和吸引力，创造一个更加动态和参与性强的学习环境，从而激发学生的学习兴趣和提高他们的学习投入度。

（五）教学内容的固定性

在主客体形式的教学模式中，教学内容往往呈现出一定的固定性，这导致课程内容和方法不足以灵活地适应学生的多样化需求。由于这种教学模式通常由教师主导，课程内容、教学目标和方法往往是提前设定好的，且在整个教学过程中保持相对固定。这种方式忽视了学生个体差异的重要性，包括他们的个人背景、兴趣、学习风格和能力水平。这种教学内容的固定性会导致教育缺乏个性化，难以满足每个学生独特的学习需求。例如，一些学生可能需要更多的挑战来提升他们的学习动力，而另一些学生可能需要不同的教学方法来更好地理解课程内容。固定的教学内容和方法无法为这些不同需求的学生提供合适的学习资源和支持。

当教学内容不能灵活适应学生的个性化需求时，可能会影响学生的学习动力和参与度。学生会感到课程内容与他们的兴趣或实际生活经验不相关，从而对学习失去兴趣。这种情况会导致学生在课堂上缺乏积极参与，进而影响他们的学习效果和整体学术表现。为了更有效地满足学生的多样化需求，教育者需要寻求更加灵活和适应性强的教学方法。如提供更多的个性化学习选项，调整教学策略以适应不同学生的学习风格，以及鼓励学生根据自己的兴趣和能力参与课程内容的选择和设计。通过这些措施，教育者可以创造一个更包容和符合学生需求的学习环境，从而提高教育的有效性和学生的学习体验。

因此，虽然主客体形式的教学模式在中国高校体育教育中普遍存在，但其也展现出一些局限性，特别是在促进学生主动学习和全面发展方面。这就要求教育者探索更加互动性强、以学生为中心的教学方法，以更好地满足学生的发展需求，同时鼓励学生的主动参与和创造性思维，打造更加动态和互动的学习环境。

第二节 中国高校体育主客体教育模式的优势与不足

一、中国高校体育主客体教育模式的优势

在主客体教学模式下，体育教育往往突出强调学生的技能和体能培养。这种教学方式在以下方面具有明显的特点和优势。

（一）技能提升

主客体教学模式注重传授体育项目的技能和技巧，这有助于学生在特定运动领域取得更高水平的表现。这种教育方式通过系统的指导和练习，使学生能够逐渐掌握运动项目所需的关键技能。

首先，技能提升有助于学生在特定的体育项目中表现出色。通过反复的练习和指导，他们能够逐渐提高运动技能的水平，从而在比赛和锻炼中更好地发挥自己的潜力。这不仅有助于他们在竞技体育中取得成功，还增强了他们的自信心和成就感。其次，技能提升培养了学生的竞技精神。在体育项目中，学生学会了公平竞争、尊重对手和团队合作等重要价值观。这些价值观对于他们的个人和社交发展都至关重要，有助于塑造积极的性格特质。最后，技能提升也为学生的未来发展奠定了基础。那些体育技能掌握得比较好且对体育有浓厚兴趣的学生可以选择将所学的技能进一步发展成职业。他们可以成为体育教练、运动员、体育管理者或其他与体育相关的职业人士。然而，技能提升也面临一些挑战。学生的个体

差异、焦虑和竞争压力都可能影响他们的学习体验。因此，教育者需要关注学生的需求，为他们提供支持和指导，以确保他们在技能提升的过程中获得积极的体验和成长。技能提升在主客体教学模式中扮演着重要的角色，为学生的体育发展和全面成长提供了坚实的基础。

（二）身体素质提升

通过体育课程的体能训练，学生有机会提高身体素质，包括力量、耐力、速度和柔韧性等。这对于他们的健康和生活质量至关重要。

首先，身体素质的提升有助于学生维持健康的生活方式。在现代社会，久坐不动和不健康的生活方式已成为导致健康问题的主要原因之一。体育课程通过锻炼学生的肌肉、心血管系统和呼吸系统，可以有效预防肥胖、心血管疾病和其他健康问题。学生在锻炼中建立的健康习惯可能会延续到他们以后的工作和生活中，为他们的长期健康打下坚实基础。

其次，身体素质的提升可以提高学生的生活质量。拥有更好的体力和耐力意味着他们能够更轻松地应对日常生活中的各种挑战。这包括更好的工作效率、更多参与社交活动的精力及更好的身体适应能力。身体素质的提高可以帮助学生更好地享受生活，并减轻日常生活中的身体不适。

此外，身体素质的提升还有助于学生在体育比赛和竞技活动中表现出色。无论是校内还是校外比赛，身体素质都是成功的关键因素之一。学生通过在体育课程中的锻炼可以提高运动水平，增强竞技实力，从而在比赛中有更出色的表现。要注意的是，身体素质的提升需要持之以恒的努力和坚定的决心。学生需要定期参加体育课程，并在课后保持锻炼的习惯，才能获得持久的助益。此外，教育者在体育教育中需要鼓励学生树立健康的生活方式观念，以便他们能够终身受益于体育活动对身体素质的积极影响。总之，通过体育课程提升身体素质对学生的健康和生活质量具有重要意义，是主客体教学模式中的一个关键方面。

（三）竞技精神和团队协作

体育教育强调竞技精神和团队协作的重要性。学生通过参与体育活动，学会了公平竞争、合作与沟通，这在日常生活和职业中同样至关重要。

竞技精神的培养有助于学生发展积极的竞争态度。通过体育竞技，学生学会了尊重对手、遵守规则和公平竞争，这些价值观对于日后的职业和社交生活至关重要。竞技精神不仅是体育领域的核心价值观，也是培养学生综合素质的关键因素之一。在竞技精神的指导下，学生能够在竞争中保持公平和体现诚实，这些品质在他们未来的职业生涯中将大有用处。

团队协作在体育教育中得到高度强调。学生在体育活动中必须学会与队友合作，共同追求胜利。这培养了他们的协作能力、沟通技巧和团队合作精神，这些技能在职场和社会生活中同样至关重要。团队协作不仅强化了学生的社交技能，还教导他们如何在群体中发挥个人优势，为共同目标而努力。

竞技精神和团队协作有助于培养学生的领导潜力。在体育活动中，一些学生可能有机会担任队长或领袖角色，这锻炼了他们的领导才能和责任感。这些领导经验可以在学生的职业生涯中受益，使他们更有信心地承担领导职责和挑战。

竞技精神和团队协作的培养需要教育者在体育教育中有意识地强调这些价值观。通过体育课程中的讨论和反思，学生可以更深入地理解竞技精神的意义以及团队协作的重要性。教育者还可以通过组织团队活动和比赛，提供学生锻炼竞技精神和协作技能的机会。总之，竞技精神和团队协作是主客体教学模式中不可或缺的一部分，有助于学生在体育领域和其他生活领域取得成功。

（四）爱好和兴趣

主客体教学模式下的体育教育有助于学生发现和培养体育爱好和兴趣，这将使他们终身受益。

首先，由于技能和体能的突出，学生有机会在不同体育项目中尝试和探索。他们可以参与足球、篮球、游泳、网球等各种体育活动，从中找到自己的兴趣点。这有助于学生了解不同体育项目的特点和乐趣，为他们选择适合自己的体育活动提供了基础。

其次，体育教育鼓励学生积极参与体育活动。通过参与体育比赛、锻炼和训练，学生能够深入体验各种运动的乐趣和成就感。这种积极的体验有助于激发他们对体育的兴趣和热情，使他们更有动力坚持体育活动，并享受运动带来的好处。

最后，体育爱好和兴趣的培养有助于学生建立积极的生活方式。通过持续参与体育活动，他们可以保持健康的生活习惯，预防慢性疾病，增强体质。这种积极的生活方式有助于提高生活质量，增加生活的乐趣，并延长寿命。

要实现这些好处，教育者需要在体育教育中提供多样化的体育项目和活动，以满足学生的不同兴趣和需求。同时，鼓励学生积极参与，并为他们提供支持和指导，帮助他们发现和培养自己的体育爱好和兴趣。通过这种方式，主客体教学模式下的体育教育可以为学生终身的体育参与和享受创造条件，为他们的健康和幸福做出积极的贡献。

二、中国高校体育主客体教育模式的不足

在主客体教学模式下实施的高校体育教育虽有优势，却也存在不足。在这种教学模式下，体育教育往往被简化为知识和技能的传递过程，主要关注体能的提升和运动技巧的掌握。然而，这种偏向技术层面的教学忽略了体育教育更深层次的价值和目的，如促进学生的全面发展和提升其社会技能。以下是关于这一问题的详细阐述。

（一）对全面发展的忽视

体育教育的本质不仅仅是为了培养学生的体能和运动技能，还包括了促进学生的全面发展。这包括学生个性的塑造、心理健康的维护、社交能力的提升和团队合作精神的培养、领导能力的发展和自信心的增强等多个方面。然而，在传统的主客体教学模式下，这些重要的教育目标往往被边缘化，因为教学重心主要集中对学生在体育技能的培训上，而对学生作为一个个体的成长和发展关注不足。

1. 学生个性的塑造

体育教育的一个重要方面是促进学生个性的塑造。不同的体育活动可以帮助学生发现自己的兴趣和潜力。然而，在传统的主客体模式下，通常只强调几种主要体育项目，而忽略了个体差异和多样性。这可能导致一些学生感到不被重视，因为他们可能不擅长传统体育项目，却对其他领域有兴趣。因此，体育教育需要提供更多不同类型的体育活动，以满足学生多样化的兴趣和需求，帮助他们更好地塑造自己的个性。这不仅有助于挖掘学生的潜力，还可以增强他们的自尊心和自信心，培养他们积极参与体育和运动的态度。

学生的个性塑造也包括了对困难和挑战的应对能力。通过参与各种体育活动，学生可以学会克服困难、设定目标并取得成功。这种积极的心态将影响他们的生活方式，使他们更有信心、更有动力去追求自己的目标，这不仅体现在体育领域，也反映在他们的学业和职业生涯中。因此，体育教育应该鼓励学生培养面对挑战的能力，这对于他们克服生活中的困难至关重要，能帮助他们更好地适应各种情况。

2. 心理健康的维护

心理健康在学生的全面发展中起着至关重要的作用。体育活动不仅可以提高身体健康，还可以促进心理健康。运动可以释放内啡肽和多巴胺等，提高情绪，减轻抑郁和焦虑症状。然而，在传统的主客体教学模式下，心理健康往往被忽视，

教育者主要关注技能的教授而不是学生的心理健康。

体育教育需要更多地关注学生的心理健康，教导他们如何通过运动维护身心健康，并提供支持和资源来帮助他们处理心理健康问题，如教授学生如何将运动作为一种减轻压力和焦虑的方法，以及如何建立积极的心态等。通过体育教育，学生可以学会情绪管理、自我认知和情感表达，这些技能在日常生活中都非常重要。

教育者在体育领域也可以充当心理健康的支持者。他们可以鼓励学生积极参与体育活动，为学生提供情感支持，如果需要还可引导学生寻求专业的心理健康帮助。通过将心理健康纳入体育教育的核心，学校可以帮助学生更好地理解和管理他们的情感和心理状态，从而实现全面的发展。

3.社交能力和团队合作精神的培养

体育活动是一个社交性的活动，可以帮助学生提高社交能力和团队合作精神。在团队运动中，学生需要学会与队友合作，为共同的目标奋斗，并克服挑战。然而，在传统的主客体教育模式下，这些方面的培养往往是次要的。体育教育应该更加强调社交能力和团队合作的重要性，通过团队运动和协作项目来培养这些技能。

通过参与团队运动，学生可以学会倾听他人的意见，尊重不同的观点，并协同工作以实现共同的目标。这些技能在学生的社交生活和将来的职业生涯中都至关重要。体育教育者可以通过组织练习和比赛来创造机会，让学生学习如何与不同个性和技能水平的人合作，这有助于培养他们的社交能力和团队合作精神。

团队运动还可以增强学生的沟通能力，使他们更好地表达自己的想法和观点。这些能力对于建立和谐的人际关系和在社会和职业生活中取得成功非常重要。因此，体育教育应该将社交能力和团队合作视为教育目标的一部分，帮助学生在各个方面都能够表现出色。

4.领导能力的发展和自信心的增强

体育教育还应该为学生提供发展领导能力和增强自信心的机会。在体育活动中，学生可以担任队长或领袖角色，学会领导团队并承担责任。这有助于培养他们的领导潜力和自信心。然而，在传统的主客体教育模式下，很少会提供这样的机会。因此，体育教育应该积极促进学生的领导能力和自信心的发展，使他们能够在各个领域都能够自信和成功。

通过参与竞技体育或领导小组项目，学生可以学会在压力下做出决策、组织团队和解决问题。这些领导技能在学生的职业生涯和日常生活中都具有重要意义。同时，通过不断挑战自己并克服困难，学生的自信心也会不断增强。他们会明白自己的潜力和能力，从而更愿意接受新的挑战和机会。

体育教育者可以发挥关键作用，为学生提供领导角色和鼓励他们参与领导活动的机会。这种全面的教育方法可以帮助学生在体育活动中获得更多的经验，提高他们的领导能力并增强他们的自信心，为未来的成功做好准备。

全面发展是体育教育的核心目标之一，它不仅有助于学生在体育方面的成长，还有助于他们在生活中以及将来职业生涯中的发展。因此，体育教育需要从传统的技能培训模式转向更全面和综合的教育模式，关注学生的个性塑造、心理健康、社交能力、团队合作精神、领导能力和自信心的培养，以确保他们在学校和生活中都能够获得更多的成功和满足感。

全面发展的重要性在于，它有助于学生建立更坚实的基础，以应对未来各种挑战。学生的个性塑造和心理健康维护能够提高他们的情感智力和自我管理能力。社交能力和团队合作精神的培养可以帮助他们更好地与他人相处，解决冲突并达成共识。领导能力的发展和自信心的增强将使学生更有信心去追求自己的目标，不怕面对挑战，努力不懈。

体育教育者在这个过程中扮演着关键的角色，他们需要关注学生的全面发展，提供机会和支持，以便学生能够在各个方面取得进步，更好地为学生未来的成功和幸福生活打下坚实的基础。

（二）对社交技能和团队合作能力的忽视

体育活动在学生的全面发展中扮演着重要的角色，不仅可以提高体能和运动技能，还可以培养学生的社交技能、团队协作能力和解决问题能力。然而，传统的主客体教学模式通常将重点放在技能培训上，忽视了这些关键的个人和社会技能的培养。

1. 社交技能和团队合作能力被忽视的原因

社交技能和团队合作能力在体育教育中常常被忽视的原因主要有以下几个方面。

（1）过度强调技能培训

传统的体育教育模式通常过度强调技能培训。这意味着教育者在教授学生传统体育技能，如传球、投篮、跑步等方面投入了大量的时间和精力，而对于个人和社会技能的培养却相对忽视。在这种模式下，学生常常被视为技术的学习者和执行者，而不是全面发展的个体。教育者可能会将课程的重心放在技术细节上，鼓励学生追求在特定技能方面的卓越，以在比赛中取得胜利。这会导致以下一些问题：

①个体差异的忽视：传统的体育教育常常存在一个问题，那就是过度强调传统体育项目的技能培训，而对学生的个体差异和多样性视而不见。这种教学方式会让某些学生感到边缘化，因为他们在传统体育项目中表现并不出色，但可能在其他领域有出色的潜力和兴趣。要解决这个问题，体育教育需要更注重个体差异和多样性。学生应该被鼓励探索不同类型的体育活动，以发现自己的兴趣和潜力。这可以通过提供多样性的体育项目和灵活的课程安排来实现，以确保每个学生都有机会参与并在体育领域取得成功。这种方式不仅可以提高学生的自尊心和自信心，还可以激发他们对体育的兴趣，从而使体育教育更加包容和有意义。

②社交技能和团队合作的疏忽：体育教育经常过于强调技能培训，这导致了一个显著问题，那就是学生在社交技能和团队合作能力方面的培养机会不足。通常情况下，课堂上的注意力主要集中在传统技能的教授和练习上，如传球、投篮等，而忽略了社交技能和团队合作的培养。在团队体育项目中，学生有机会与队友合作、互动和沟通，这对于他们在日常生活中建立人际关系和解决冲突至关重要。要解决这个问题，体育教育可以采用一种更综合的方法，将社交技能和团队合作作为课程的重要组成部分。通过团队体育活动和协作项目，学生可以学会如何有效地与他人合作，解决问题，并培养出色的社交技能。这样的教育方法将使学生能更好地应对未来的挑战，无论是在体育领域还是其他领域。

③压力和焦虑：学生在体育教育中常常承受来自多方面的竞争和成功压力，这包括来自教育者、教练及家长的期望。这种压力可能会对学生产生不利影响，导致学生焦虑、过度竞争和过度关注结果，而不是专注于体育活动的乐趣和自身的全面发展。在传统的体育教育模式下，胜利和成绩通常被高度重视，这可能导致学生过度追求胜利，而忽视了体育活动的其他重要方面，如健康、团队合作和个人成长。这种竞争和成功压力可能会对学生造成焦虑和体育退缩等负面影响。为了解决这一问题，体育教育可以强调体育活动的乐趣和享受，鼓励学生更多地专注于自我成长和团队合作，而不仅仅是结果。此外，教育者和教练可以采用积极的教育方法，帮助学生更好地应对压力和焦虑，培养他们的心理弹性。

体育教育不应过度强调技能培训，而应该致力于培养学生的全面发展，使他们不仅在技能上取得成功，还在社交和个人层面上得到充分发展。

（2）比赛结果的压力

在竞技性体育中，比赛结果往往被过分强调，这可能对学生产生不利影响。学生可能会过于关注获胜，而忽视了团队合作、社交技能和个人成长的重要性。教育者和教练有时可能会将大部分精力放在技术和战术的教授上，而忽略了如何与队友合作、如何应对输赢以及如何解决冲突等方面的教育。

这种过度关注比赛结果的现象会导致学生感到极大的压力，因为他们感到失败或失望时会产生负面情绪。这不仅对他们的体验造成了负面影响，还可能对他们的心理健康产生不利影响。此外，过分强调比赛结果可能会削弱体育活动的乐趣，使学生失去了参与的积极性。

为了解决这个问题，体育教育可以强调团队合作、个人成长和乐趣的重要性，而不仅仅是比赛结果。教育者和教练可以采用积极的教育方法，教导学生如何处理胜利和失败，并倡导积极的竞争态度。这样，学生将更有可能从体育活动中受益，而不仅仅是为了追求胜利。

（3）缺乏合适的教育方法

在体育教育中，教育者通常是专业的体育技能培训师，他们擅长教授运动技术和战术。然而，他们可能缺乏合适的教育方法，来培养学生的社交技能和团队合作能力。这些技能通常需要更多的集体活动、角色扮演和讨论，而不仅仅是技术性的指导。

由于缺乏合适的教育方法，教育者可能不知道如何有效地教导学生与队友协作、沟通和解决冲突。这可能导致学生在团队体育中遇到问题时感到困惑或无法处理。因此，体育教育需要更多地关注这些社交和团队合作技能的方法，包括提供培训和资源，以帮助教育者和教练更好地满足学生的需求。通过采用更多互动性和参与性的教育方法，更好地促进社交技能和团队合作的培养。

2. 社交技能和团队合作能力的在体育教育中的重要性

然而，社交技能和团队合作能力在学生的终身发展中非常重要。它们应该成为体育教育的核心目标，其主要原因有以下几个方面。

（1）社交技能的重要性

社交技能在学生的生活中至关重要。学会与他人合作、沟通和解决问题是成功的关键，这不仅体现在体育领域，也体现在职业生涯和日常生活中。体育活动提供了一个理想的环境，让学生可以在一个结构化的场合中练习这些技能。

在团队运动中，学生必须学会与队友协作，一起追求共同的目标。他们需要学会有效地沟通，传达战术和战略，以确保团队的协作顺利进行。此外，体育活动中的竞争也提供了解决问题的机会，学生需要学会处理竞争、胜利和失败所带来的情感和压力。

这些社交技能在学生未来的职业生涯中也非常重要。无论是在领导团队、与同事合作还是处理客户关系，都需要良好的沟通和协作能力。因此，体育教育不仅仅是为了培养身体健康和体育技能，还为学生提供了发展社交技能的宝贵机会，为他们未来的成功打下坚实的基础。

（2）团队合作的价值

团队合作在众多职业和生活领域中都具有关键价值。通过参与团队体育活动，学生可以培养并发展团队合作的重要技能。这些技能包括如何在团队中发挥作用、支持队友、协调行动以及一起追求共同的目标。

在团队运动中，学生必须学会与队友协作，共同克服挑战，以取得胜利。这需要他们学会聆听和理解队友的需求，分配任务，承担责任，以及在困难时保持团结和动力。这些技能在职场中同样至关重要，无论是在协作项目中、团队工作中还是领导和管理团队。

团队合作还有助于培养学生的社交能力和人际关系。通过与不同背景和个性的队友相处，学生可以学会尊重多样性、建立信任关系，以及处理冲突和分歧。这些技能不仅对职业生涯有益，也对个人生活有积极影响。

团队合作的重要性不可低估，而体育活动为学生提供了锻炼和培养这些关键技能的独特机会，这些技能将在他们未来的生活和职业中发挥重要作用。

（3）自我认知和自尊心的培养

体育活动对于培养学生的自我认知和自尊心具有重要意义。在体育比赛和练习中，学生经常面临成功和失败的情况，这些经历有助于他们更好地了解自己的能力和局限性。首先，成功经验可以增强学生的自尊心。当他们取得胜利、提高自己的技能或在比赛中表现出色时，他们会感到自豪和自信。这些正面的情感和自我价值感可以在其他方面产生积极影响，激励他们追求更高的目标。与此同时，失败也是一个有价值的教育机会。在失败中，学生可以反思自己的不足之处，并努力改进。这种自我反思有助于培养自我认知，使学生更好地了解自己的优势和改进的空间。此外，学会在失败后坚持和再次尝试也可以增强他们的决心和坚韧精神。

体育活动不仅是身体健康的促进者，还是培养学生自我认知和自尊心的重要途径。通过成功和失败的经历，学生能够更全面地了解自己，建立积极的自我形象，这将在他们的个人和职业生活中产生深远的影响。

(4) 生活中的应用

社交技能和团队合作能力是学生终身受益的重要技能，因为它们在各个领域都有广泛的应用。体育活动提供了一个理想的环境，让学生可以在一个结构化的场合中练习这些技能，这些技能随后可以在学校、职业和日常生活中得到应用。在学校中，社交技能和团队合作对于学生的学术和社交成功至关重要。学生需要与同学合作完成项目和任务，与老师和同学进行沟通，解决问题，并在团队中追求共同目标。通过在体育活动中培养的社交技能和团队合作能力，学生可以更好地适应学校环境，更好地与同学和老师互动，并更好地完成学术任务。这些技能在职业生涯中也非常重要。无论在哪个行业，都需要员工具备良好的社交技能，以与同事、客户和上级建立良好的工作关系。团队合作是许多职位的关键要素，因为很少有工作是独立完成的。通过体育活动中培养的团队合作技能，学生可以更好地适应职场，与同事协作，解决问题，并实现职业目标。社交技能和团队合作能力在日常生活中也发挥着重要作用。无论是在家庭生活中、社交活动中还是社区参与中，这些技能都有助于建立健康的人际关系，解决问题，参与团队活动，促进社交互动和合作。

体育活动不仅可以帮助学生保持身体健康，还可以培养他们在各个领域都有用的社交技能和团队合作能力，这些技能将使他们终身受益。

因此，体育教育的本质不仅仅应该包括技能培训，还应该关注学生的社交技能和团队合作能力的培养。教育者和教练可以采用更综合的方法，确保学生在体育活动中获得全面的发展，为他们未来的成功和全面发展打下坚实的基础。

(三) 对健康生活习惯和终身体育活动兴趣的忽视

体育教育还应该有助于学生培养健康的生活习惯和终身体育活动的兴趣。这不仅有助于提高学生的体质，还有助于培养他们面对生活压力的韧性和应对能力。

1. 健康生活习惯的重要性

健康生活习惯对于学生的全面发展至关重要。体育教育不应该仅仅注重身体活动，还应该教导学生如何维持健康的生活方式。这包括饮食、锻炼、休息和压力管理等方面的知识。学生需要了解这些生活习惯对于身体和心理健康的重要性。然而，在传统的技能培训中，这些方面的教育往往被边缘化，使学生失去了培养健康生活习惯的机会。

锻炼是保持身体健康的重要手段。体育活动可以帮助学生建立锻炼的习惯，提高体能和耐力，减轻压力，促进心理健康。学生需要明白定期锻炼对于预防慢性疾病和维持整体健康是非常重要的。

压力管理和休息也是健康生活的关键。学生通常面临学业压力和社交压力，学会有效地管理和减轻压力对于维护心理健康至关重要。体育教育可以提供放松和减压的机会，同时教导学生如何在日常生活中处理压力和焦虑。

健康生活习惯的培养是体育教育的一部分，应该得到更多的重视。这些习惯不仅对学生的身体健康有益，还有助于他们在学校和生活中取得更多的成功。因此，体育教育应该致力于教育学生如何维持健康的生活方式，以便他们能够在未来继续享受健康和幸福的生活。

2. 饮食教育

健康的饮食是维持身体健康的关键。体育教育可以包括教导学生关于均衡饮食的基本知识，如膳食组成和食物营养。学生应该了解食物对于体力活动的重要性，以及如何选择健康的食物来满足能量需求。

在体育课程中，学生可以学习不同食物类型的营养成分，如碳水化合物、蛋白质、脂肪、维生素和矿物质，以及它们在身体中的作用。他们还可以了解到不同体育活动对能量消耗的要求，以便更好地调整饮食以满足这些需求。此外，饮食教育可以强调水分摄入的重要性，因为脱水可能对运动表现和身体健康产生负面影响。

体育教育还可以教导学生有关健康饮食的实际技能，如食物准备和烹饪。这些技能有助于学生在日常生活中做出更健康的食物选择，培养健康的饮食习惯。

总之，饮食教育是体育教育的重要组成部分，有助于学生养成健康的饮食习惯，提高身体健康水平，并在体育活动中取得更好的表现。通过教育学生如何选择和准备健康的食物，体育教育可以为他们的终身健康打下坚实的基础。

3. 心理健康的关注

除了身体健康，心理健康也同样重要。体育活动可以帮助减轻压力、提高情绪和自我价值感。体育教育应该包括心理健康教育，教导学生如何应对压力和焦虑，并提供支持和资源来帮助学生处理心理健康问题。

在体育课程中，学生可以学习情绪管理技巧，如深呼吸、冥想和积极思考。这些技能可以帮助他们更好地处理比赛压力、队友关系和学术压力等方面的挑战。此外，体育教育还可以提供一个开放的环境，鼓励学生分享他们的情感和经历，以及寻求支持和建议。

体育教育者在学生的心理健康方面也扮演着重要角色。他们可以提供指导和支持，帮助学生应对挫折和困难，同时鼓励他们积极参与体育活动。如果有必要，学校还可以提供心理健康专业人士的服务，以确保学生在心理健康方面得到适当的关注和帮助。

心理健康教育是体育教育中不可或缺的一部分。通过关注学生的心理健康，体育教育可以帮助他们更好地应对生活中的挑战，提高情绪健康，增强自尊心，从而实现全面的个人发展。

4. 终身体育活动的兴趣

学生应该被鼓励发现并培养终身体育活动的兴趣。这意味着不仅仅把体育活动视为学校课程的一部分，还要将其视为终身的生活方式。体育教育应该提供多样性的体育课程，以让学生有机会尝试不同的体育活动，并发现自己的兴趣和热情。

终身体育活动包括各种各样的运动和锻炼方式，如游泳、骑自行车、跑步、瑜伽、登山等。这些活动可以帮助学生保持身体健康、增强体力、减轻压力，从而使之终身受益。体育教育的目标应该是激发学生对这些活动的兴趣，并提供他们所需的技能和知识，以便他们在毕业后继续参与体育活动。

为了培养终身体育活动的兴趣，学校可以提供额外的体育课程和俱乐部活动，让学生有机会深入了解不同的体育项目。此外，学校还可以组织户外活动和体育比赛，鼓励学生积极参与，并奖励那些在终身体育活动中取得成就的个体。

通过培养终身体育活动的兴趣，体育教育可以为学生提供一种健康的生活方式选择，使他们在未来能够享受体育活动的乐趣，同时保持身体和心理的健康。这也符合终身体育观念的核心，即体育不仅仅是学校课程的一部分，更是一种持续的生活方式。

5. 韧性和应对能力的培养

终身体育活动的兴趣培养还有助于培养学生面对生活挑战的韧性和应对能力。通过克服运动中的困难和挑战，学生可以培养坚持不懈的韧性，这对于学生应对生活中的各种压力和逆境至关重要。

在终身体育活动中，学生会经历失败、受伤、挫折等情况，但他们也会学会如何坚持不懈、适应变化和寻找解决问题的方法。这些经历可以帮助他们建立自信，直到他们可以克服困难并取得成功。这种自信和韧性可以在学校、职业和生活中发挥重要作用，使学生更有信心面对挑战并寻求解决方案。此外，终身体育活动的兴趣还可以教导学生如何设定目标、制订计划以及坚持追求自己的目标。

这些技能也是韧性和应对能力的一部分，对于实现个人和职业成功都至关重要。

体育教育的目标应该不仅仅是培养技能，还应该包括培养健康的生活习惯、终身体育活动的兴趣以及韧性和应对能力。这些方面的培养可以为学生提供更全面的教育，使他们在未来的生活中更加成功和幸福。

总之，体育教育不仅应关注技能的培训，还应重视健康生活习惯的培养和终身体育活动兴趣的培养。这将有助于学生维持健康的生活方式，提高他们的生活质量，并增强他们面对生活挑战的能力。通过教育学生如何维护身体和心理健康，体育教育可以在他们的整个生命中发挥积极的作用，使他们更健康、更快乐、更有活力。这些方面的教育不仅仅是为了短期的身体活动，更是为了学生的终身受益。体育教育的综合性和长远性目标应该得到更多的重视和实施，以确保学生在未来能够继续享受健康的生活和体育活动的乐趣。

为了更好地理解和实现体育教育的本质，教育者需要采用更全面、更多元化的教学方法。这包括在教学中融入对学生个性发展的关注，提供多样化的体育活动以满足不同学生的兴趣和需求，以及鼓励学生在体育活动中学习和实践社交、领导和团队合作技能。通过这些措施，体育教育可以成为学生身心发展和社会技能提升的有效平台，真正达到其全面教育的目标。

（四）对高校体育教育教学模式的误导

在主客体教学模式下实施的高校体育教育可能导致对教学模式的一种误导。这种误导主要表现在过度强调教师作为知识和技能传递者的角色，同时将学生简化为被动的知识接受者。这种模式可能会导致教育者和学生对体育教育的真正意义和目标产生误解。

1. 误解体育教育的价值

在主客体教学模式下，存在着对体育教育价值的误解。这种模式导致人们过度强调对技能和体能的培养，而忽视了体育教育更广泛的价值。体育教育不仅仅是为了教授学生如何打篮球或跑步，它还旨在培养学生在各个方面的综合素养。

体育教育可以帮助培养学生的团队合作能力。在团队运动中，学生需要学会与队友协作，共同追求胜利，并分担责任。这有助于他们在未来的职业和社交生活中更好地与他人合作。

体育教育可以帮助培养学生的社交技能。学生通过与教练和队友互动，学会了如何与他人沟通、解决冲突以及建立良好的人际关系。这些技能在日常生活中同样重要，因为它们有助于建立强大的社交网络和职业关系。

体育教育还可以培养学生的领导能力。当学生被赋予领导团队的机会时，他们学会了如何指导和激励其他人。这对于学生未来的领导工作至关重要。

情感管理和自尊心也是体育教育的重要组成部分。学生在体育活动中经历成功和失败，这有助于他们更好地了解自己的情感反应，并培养健康的自尊心。

在主客体教学模式下，这些重要的教育目标往往被边缘化，因为教学重点主要集中在技能的传授和体能的提升上。因此，需要重新审视体育教育的目标，确保它不仅仅是关于体育技能，还包括了培养学生的团队合作、社交技能、领导能力和情感健康等多个方面的全面发展。

2. 形成有局限性的成功观念

主客体教学模式可能导致一种狭隘的成功观念，即成功仅仅取决于学生在特定技能和体能方面的表现。这种观念可能会对教育产生负面影响，因为它忽略了更广泛、更全面的教育需求。

这种观念会导致对学生个性和兴趣的忽视。这种观念会使教育者和学生认为唯一的成功路径是在体育领域表现出色，而不考虑其他领域的才能和兴趣。这可能会让一些学生感到被边缘化，因为他们可能在传统的体育项目中表现不佳，但在其他领域具有潜力。

这种观念会忽视对学生情感健康和社会责任感的培养。教育者如果过度关注体育技能的提升，而忽略了学生的情感需求和对其社会责任感的培养，这可能导致学生在情感上感到压力重重，因为他们被迫追求某种形式的成功，而不考虑自己的情感健康。

这种观念会对教学方法产生不良影响。教育者可能更倾向于采用传统的技术性指导方法，而不是采用更具全面性和个性化的教育方法。这会限制学生的学习机会，因为他们可能无法充分发展自己的个性、情感和社会技能。

因此，教育者需要重新审视这种成功观念，并认识到教育的成功不仅仅取决于技能的掌握，还包括对学生的个性发展、情感健康和社会责任感的培养。这有助于更好地满足学生的多样化需求，实现更全面的教育目标。

3. 互动和参与的忽视

主客体教学模式在体育教育中忽视了教学互动和学生参与的重要性。这种模式通常将教师视为知识和技能的传递者，而将学生视为被动接受知识的对象，从而限制了学生的积极参与和创造性思考。

这种模式削弱学生的主动性和创造性。在这种教学模式下，学生大多被动地接受教师的指导，而缺乏参与和自主学习的机会。这会限制他们的学习潜力，因为他们没有机会探索自己的兴趣和独特的学习路径。

这种教学模式限制了教育的多样性。在这种教学模式下，教育者可能更容易采用传统的教学方法，如讲课和演示，而不是鼓励学生积极参与和合作。这会导致教学方法变得单一，缺乏激发学生全面发展的动力。

这种模式忽视了学生的多样性和个性化需求。每个学生都有不同的学习风格和兴趣，但在主客体教学模式下，教育者可能难以满足这些多样性的需求。这会导致一些学生被忽视，因为他们的需求与传统的教学方法不符。

因此，教育者需要重新思考教育模式，更多地将学生置于学习的中心，鼓励他们积极参与和自主学习。通过这种方式，体育教育可以更好地满足学生的多样性需求，激发他们的学习热情，实现更全面的教育目标。

为了更准确地理解和实施高校体育教育，体育教育者需要对现有的教学模式进行反思和调整。这可能包括采用更加以学生为中心的教学方法，鼓励学生的主动参与和自主学习，以及在课程设计中综合考虑学生的全面发展需求。通过这些改变，体育教育可以更真实地反映其旨在促进学生全面发展的本质，培养学生在身体、情感和社会层面的综合素养。这有助于打破对体育教育的误解，使其成为培养更全面、有自信和有社会责任感的学生的有效途径。

第三节　中国高校体育主客体教育模式存在问题的表征

体育教育在高校教育体系中占据着重要地位，不仅有助于学生的身体健康，还有助于培养学生的团队协作、领导和社交能力。然而，中国高校体育教育常常受到主客体教育模式的影响，存在一系列问题。主客体教育模式强调教师作为知识传授者和学生作为接受者的角色分工，这在某些情境下可能限制了体育教育的多样性和创新性发展。

一、重视理论知识而非实践技能

在中国高校体育教育中，主客体教育模式通常导致对理论知识的过度重视，而忽视了实际体育技能的培养。教育内容往往更加注重体育理论知识的传授，如体育史、规则和战术等。学生会大量阅读关于体育的理论材料，但缺乏实际参与体育运动和锻炼的机会。这导致了以下问题的表征。

（一）学生缺乏实际运动经验

学生在体育教育中面临的一个常见挑战是缺乏实际的运动经验。尽管他们在理论知识方面有所了解，但缺乏实际的体育运动和技能经验会对他们在实际体育活动中的表现和自信心产生负面影响。学生可能会感到紧张和不安，因为他们担心在体育场上表现不佳或者因技能不足而受到批评。这种焦虑可能会妨碍他们的表现，并使他们更容易产生较大的压力。缺乏实际运动经验可能导致学生在体育活动中缺乏信心，他们可能不愿意积极参与，或者在面对挑战时容易丧失信心。缺乏实际运动经验还可能影响学生对体育活动的兴趣。如果他们没有积极的体验，可能会减少他们对体育活动的兴趣和参与度，从而错失了体育所带来的身体健康和社交互动的好处。

体育教育需要考虑如何帮助学生获得实际的运动经验，以提高他们的自信心和兴趣。这可以通过提供多样化的体育课程和机会来实现，鼓励学生积极参与，并提供支持和指导，帮助他们逐渐建立体育技能和自信心。通过这种方式，可以帮助学生克服他们可能面临的困难，更好地参与体育活动，并享受其中的乐趣。

（二）实际技能培养不足

体育教育在培养学生体育技能方面面临的一项挑战是实际技能培养不足。尽管体育教育的目标之一是帮助学生掌握各种体育技能，如游泳、篮球、足球等，但在某些情况下，学生可能未能充分掌握这些技能，这可能对他们在日常生活中参与体育活动产生不利影响。

学生可能在特定的体育项目中缺乏必要的技能，这可能会限制他们参与体育活动的机会。例如，如果学生未能学会游泳，他们可能会在水上活动中感到不安，甚至避免参与这些活动，这可能影响他们的身体健康和社交互动。

实际技能培养不足可能导致学生在日常生活中无法从容应对体育活动。健身和休闲体育活动在促进身体健康和提高生活质量方面起着重要作用，但如果学生缺乏必要的体育技能，便无法积极参与这些活动，从而错失了这些潜在的好处。

因此，体育教育需要更加注重学生的实际技能培养，确保他们掌握足够的技能，能够应对各种体育活动和日常生活中的体育需求。这可以通过提供更多的实际技能训练机会来实现，鼓励学生积极参与各种体育活动，从而提高他们的实际技能水平和自信心。通过这种方式，学生能够更好地享受体育活动的乐趣，使身体健康、身心愉悦，成为终身体育者。

（三）缺乏体育兴趣

学生缺乏实际运动体验可能导致他们对体育失去兴趣，将其视为一种枯燥的理论学科，而非有趣的活动。这种情况可能产生多种负面影响。

学生可能不愿意积极参与体育活动，因为他们对体育缺乏兴趣，这可能会影响他们的身体健康和体育素养。缺乏体育兴趣可能导致学生逃避体育课，缺乏锻炼，错失了锻炼身体的机会。学生还可能错失体育活动所带来的社交互动和团队合作的机会。另外，缺乏体育兴趣可能影响学生的心理健康。参加体育活动可以释放愉悦的化学物质，提高情绪，减轻压力和焦虑。然而，如果学生将体育视为一项乏味的任务，他们可能无法享受到这些心理健康方面的益处。

解决这个问题的一种方法是通过创造性的教学方法来激发学生的兴趣。教育者可以设计有趣和多样化的体育活动，以吸引学生的参与。此外，教育者还可以鼓励学生发现自己感兴趣的体育活动，提供支持和指导，以确保他们在体育活动中获得乐趣和满足感。通过这种方式，学生将更有可能积极参与体育活动，享受到体育活动所带来的各种益处。

二、标准化教育内容

在主客体教育模式下，体育教育的内容通常是标准化的，教师按照统一的教学大纲进行教学。这种方式限制了教育的多样性和创新性，导致体育教育缺乏灵活性和个性化。

（一）教育内容单一

体育教育内容的单一性会导致学生失去选择不同体育项目的机会。传统的体育教育课程通常会侧重于少数几个主流体育项目，如足球、篮球或田径，而忽视了其他体育项目。这种单一性会让一些学生感到被局限，因为他们对这些主流项目没有兴趣或天赋。

这种情况对于学生的全面发展会产生负面影响。体育是一个多样化的领域，包括各种各样的体育项目，如网球、游泳、羽毛球、体操等。每种体育项目都有其独特的技能要求和挑战，可以满足不同学生的兴趣和能力发展需求。然而，当体育教育内容过于单一时，一些学生可能无法探索和发展自己在其他体育项目中的潜力。

为了解决这一问题，体育教育内容应更加多样化。教育者可以鼓励学生尝试不同的体育活动，发现自己的兴趣和潜力。这样，学生将有更多机会参与体育活动，提升体育素养，进而提升综合素质。

（二）缺乏个性化

在当前的教育体系中，一个不容忽视的问题是对学生个性化需求缺乏关注。学生各自拥有独特的个人背景、兴趣爱好和体育特长，这些因素在教育过程中往往未能得到充分的考虑。由于教育内容和教学方法的单一化，不同学生的个性化需求难以得到满足，这在一定程度上导致了一些学生的感受被忽视，甚至使他们感到自己在学习过程中被边缘化。特别是在体育教育领域，缺乏针对学生个性化特点的教学计划和活动会导致学生对体育活动的兴趣下降，影响他们的参与度和积极性。此外，这种情况还会对学生的自尊心和自我价值感产生负面影响。因此，教育者和教育体系需要更加重视个性化教学的重要性，通过灵活多样的教育方法来满足不同学生的需求，确保每个学生都能在尊重其个性的基础上得到有效的教育和全面的发展。这种方法不仅有利于学生的个人成长，也有助于培养他们对学习的兴趣和热情，从而实现教育的真正意义。

（三）教育创新不足

在当前的教育体系中，教育创新不足的问题较为明显，在体育教育领域尤为突出。很多时候，教师在制定和执行体育教育内容和方法时，缺乏足够的自由度来进行创新。这种情况通常是由教育体系的严格规范、过时的教学方法和缺乏资源支持导致的。因此，体育课程变得枯燥无味，缺乏吸引学生的活力和趣味性。这种缺乏创新的体育教育不仅无法激发学生的兴趣和参与度，而且可能影响他们对体育活动的整体态度和健康生活方式的形成。

为了解决这一问题，教育体系需要给予教师更多的自主权和创新空间，鼓励他们根据学生的需求和兴趣来设计和调整课程内容。此外，教师应当获得更多的专业发展机会，以了解和实践最新的教学方法和技术。通过这样的措施，体育教育可以变得更加生动、有趣，更能满足学生的个性化需求，从而有效提高学生的参与度和对体育活动的兴趣。

三、忽视身体健康

在主客体教育模式下，一些学校较为重视理论课程的教学，而忽视了学生的身体健康，导致学生缺乏足够的体育锻炼机会，产生了显著的身体健康问题。

（一）体育锻炼的机会不足

在一些教育体系中，学校未能给予学生充足的体育锻炼机会，这导致他们的体能和运动技能不足。长期缺乏锻炼会增加学生患上肥胖症和心血管疾病的风险，还可能对他们的精神健康和学习效率造成不利影响。因此，为了保障学生的全面健康发展，学校需要重视体育教育，确保学生有足够的锻炼机会。

（二）健康教育的缺失

许多学校的体育教育主要关注提升学生的运动技能，而忽略了健康生活方式教育。这种可能导致学生缺乏关于健康饮食、适量运动和心理健康维护等方面的基本知识。体育教育应全面覆盖健康生活的各个方面，帮助学生养成良好的生活习惯。

（三）终身体育兴趣的缺乏

有效的体育教育应该培养学生终身参与体育活动的兴趣。然而，在现实中，部分学校的体育课程往往过于注重技巧训练或竞技成绩，而忽视了激发学生对体育活动的真正热情。为了解决这一问题，教育体系需要进行改革，引入多样化的体育活动，注重个性化和趣味性，将体育教育与学生的日常生活紧密结合，以激发学生的兴趣，促进他们的全面发展。

四、教育过于竞争化

在当前的主客体教育模式下，教育系统中的竞争化倾向明显，尤其在体育教育领域，这种趋势导致了以下几个显著的问题。

（一）过度竞争

部分学校鼓励学生在体育项目中追求高分和胜利，这可能使学生忽略参与体育活动的本质——享受运动的乐趣和保持身体健康。当体育活动的重点变为赢得比赛和超越他人时，学生可能会承受不必要的压力，这不仅可能导致他们对体育活动产生负面情绪，甚至可能对他们的心理健康造成不良的影响。

过度竞争的环境可能导致学生的自我价值感过分依赖于体育成绩，而忽视了体育活动在促进身心健康、培养团队精神和提高社交能力方面的重要作用。

因此，学校需要重新考虑体育教育的目标，将体育教育的重点从竞技成绩转移到促进学生全面发展上。这包括鼓励学生享受运动的乐趣，重视体育活动在促进身体健康和心理平衡方面的作用，以及培养团队合作和公平竞争的精神。通过这种更加平衡和全面的体育教育方法，学生不仅可以提高自己的体育技能，还可以在更加健康和积极的环境中成长。

（二）排他性

在竞争化体育教育环境中，体育团队和项目往往倾向于只接纳那些技能出众的学生，而将技能一般或对体育不太感兴趣的学生排斥在外。这种以技能为基准的选拔机制不仅剥夺了部分学生参与体育活动的机会，而且可能导致他们感到自己在体育领域被边缘化、自身的价值和贡献被忽视。

这种排他性的体育教育方式对学生的影响是多方面的。首先，它可能导致未被选中的学生感到自尊心受损和归属感缺失。这种感觉可能会导致他们对体育活动产生消极态度，甚至影响到他们对自己在其他学术或社交活动中的能力的信心。

这种排他性的做法还可能影响学生的整体发展和学习动力。体育教育的一个重要目的是促进学生的全面发展，包括培养团队合作能力、增强身体素质和提升心理健康水平。但充满排他性和竞争性的体育教育会导致部分学生失去这些宝贵的发展机会。

因此，学校需要重新审视体育教育的实施方式，确保体育教育的包容性和公平性，提供多样化的体育活动，确保每个学生都有参与的机会。

（三）团队协作不足

在过分强调个人竞争成绩的体育教育中，团队协作和合作精神往往被边缘化。这种以个人表现为中心的教育模式可能导致学生更加专注于提高自己的运动技能和成绩，而忽视了在团队环境中协作和共同努力的重要性。

缺乏团队协作的体育教育可能导致学生在遇到团队环境时感到不适应，无法有效地与他人合作，这对他们未来的学习和职业生涯可能造成不利影响。

为了促进学生的全面发展，体育教育需要重新平衡个人成绩和团队合作的重要性，设置更多促进团队合作的体育活动，鼓励学生参与团队运动，在教学中强调团队精神和合作的价值。

中国高校体育教育的主客体教育模式存在诸多问题，包括重视理论知识而非实践技能、标准化教育内容、忽视身体健康和教育过于竞争化等。这些问题的表征影响了学生的体育教育体验和身心健康。为了改善高校体育教育，需要采取措施重视实际体育技能的培养、个性化教育内容的设计、健康教育的强化以及团队协作和合作精神的培养。只有这样，高校体育教育才能更好地满足学生的需求，促进他们的身体健康和全面发展。

第四章　基于现象学对于高校体育教育的本真理解

本章主要内容为基于现象学对于高校体育教育的本真理解，分为两个小节，第一节的内容为基于现象学对于高校体育教育理念的本真理解，第二节的内容为基于现象学对于高校体育教育教学方式的本真理解。

第一节　基于现象学对于高校体育教育理念的本真理解

在高校体育教育领域，现象学为理解和探讨高校体育教育的本真理念提供了有价值的视角。现象学强调个体的经验和感知，关注事物的本质和现象的多样性。

一、高校体育运动的现象学意义

高校体育运动的现象学意义非常丰富，它不仅是一种身体活动，还涉及心理、社会和文化层面的多重维度。以下是对高校体育运动现象学意义的详细解读。

（一）身体经验和感知

在高校体育运动中，运动员的身体经验和感知扮演着至关重要的角色。这些经验不仅仅是生理层面上的，如力量、速度、耐力和灵活性的体验，而且深入到心理和感知的层面。当运动员参与体育活动时，他们开始以更加敏感和深入的方式感知自己的身体，这种感知觉醒了他们对身体自我意识的认知。

例如，运动员跑步时会感受到肌肉的张力和心跳的加速，在做体操动作过程中会感受到身体在空中旋转时的空间定位。这种对身体感觉的细致感知不仅提高了他们的运动技能，也促进了他们对自身物理和心理状态的深入理解。运动员开始思考自己的身体如何运动、如何响应不同的运动要求，以及如何应对疲劳、疼痛或其他身体感觉。

这种身体经验的深化也帮助运动员在心理层面上建立起更强的自我控制和情绪管理能力。例如，他们可能会学习如何通过调整呼吸或肌肉紧张度来控制情绪，或是如何通过正念和集中注意力来提高表现。这种身体与心理之间的互动不仅对体育表现至关重要，也对个人的心理发展具有深远的影响。

身体经验和感知在高校体育运动的现象学研究中占据了核心地位，它们不仅使运动员更加深入地了解自己的身体，而且揭示了体育运动对个人心理和感知发展的深刻影响。

（二）空间关系

在高校体育运动的现象学研究中，空间关系是一个关键的考察点。运动总是在特定的空间内进行，这些空间不仅包括体育馆、球场、游泳池等物理环境，还包括这些环境如何影响运动员的行为和感知。运动员在运动中不仅要适应不同的环境和场地，还要学会如何有效地利用这些空间。

例如，篮球运动员在球场上的表现很大程度上取决于他们对球场大小、篮筐位置和场地布局的感知和适应能力。他们需要了解如何在有限的空间内做出快速决策，如何在对手和队友之间寻找空间，以及如何利用场地特点来优化自己的表现。同样，游泳运动员不仅要适应泳道的长度，还需要考虑水质、水温等因素，这些都会影响他们的游泳技术和策略。

现象学在这里关注的是，运动员如何通过身体感知来理解和适应这些空间，并如何在空间中做出反应。运动员的身体不仅是在空间中移动的实体，也是感知和解释空间的工具。他们的运动技能、策略选择和心理状态都与对空间的感知和利用紧密相关。

空间关系的现象学意义还涉及运动员如何在空间中与他人互动，包括队友和对手。例如，在团队运动中，运动员必须学会如何在共享的空间中与队友协作，以及如何在对抗的空间中与对手竞争。这种对空间的共享和竞争不仅是身体的，也是心理的和战略的。

高校体育运动中的空间关系探讨了运动员如何在特定的物理环境中进行身体活动，以及这些活动如何受到空间因素的影响。这种对身体与空间关系的研究不仅有助于我们更好地理解运动员的运动表现，也丰富了我们对身体感知和空间互动的理解。

（三）社会互动

在高校体育运动中，社会互动扮演着一个核心角色。这些互动不仅限于运动员与队友之间的合作，还包括与对手的竞争、教练的指导和裁判的交流等方面。每一种互动都构成了运动员在体育活动中的社会经验的一部分，并且包含了人际关系、合作和竞争的丰富现象学维度。

首先，团队合作是体育运动中的一个重要方面，特别是在团队项目中，如足球、篮球和排球等。运动员必须学习如何与队友有效沟通，协调行动，以及共同制定和执行战术。这种合作要求运动员不仅要理解自己的角色和职责，还要理解队友的能力和需求。团队合作的过程促进了运动员在人际交往、信任建立和共同目标实现方面的能力发展。

其次，与对手的竞争是体育运动的另一个关键方面。运动员需要学会如何在保持尊重和公平竞争的同时，努力超越对手。这种竞争不仅是身体和技术层面的挑战，同时也是心理和战略层面的较量。在与对手的交锋中，运动员可能会经历各种情绪，如紧张、兴奋或失望，这些情绪对运动员的行为和表现有着重要影响。

最后，运动员还需与教练和裁判等其他角色进行互动。教练的指导和反馈对运动员技能的提升和策略的调整至关重要。同时，运动员需要学会如何理解和应对裁判的判决，这要求他们具备适应性和情绪管理能力。

这些社会互动的过程不仅影响了运动员在体育领域的表现，还会对他们的个人发展产生深远的影响。现象学在这里可以提供一个独特的视角，帮助我们理解运动员在这些复杂的社交环境中的行为和决策，以及这些经验如何塑造他们的个人特质和社交能力。总的来说，社会互动在高校体育运动的现象学研究中扮演着重要角色，它揭示了体育运动不仅是身体活动的领域，也是社交和人际关系发展的重要平台。

（四）时间感知

时间感知在高校体育运动中占据了重要地位，尤其是在现象学的研究领域内。这种感知不仅涉及对时间流逝的认识，还关系到运动员如何在有限的时间内作出策略性的决策和调整。以下是对运动中时间感知的具体分析。

1. 比赛时间的精确掌握

运动员对比赛时间的精确掌握是赛事成功的关键因素之一。这种时间掌握不仅包括对比赛总时长的了解，更包括对比赛各个阶段的时间安排的深刻认识。在不同的体育项目中，运动员必须根据比赛的时间长度来制定和调整他们的策略，并管理自己的体能。例如，在足球或篮球这样的团队运动中，运动员需要了解如何在上下半场分配体力，何时加强攻势或保持防守。在长跑或游泳等耐力型项目中，运动员则需要了解如何在比赛的不同阶段分配速度和力量，以确保在比赛结束时能够达到最佳状态。

这种对比赛时间的深刻理解和管理能力，要求运动员不仅要有良好的体能和技术，还需要具备战略思考和心理准备。他们需要在比赛过程中不断评估当前的情况，判断何时是加强攻势或保存体力的最佳时机。此外，运动员还需要适应比赛中可能出现的意外情况，如延时、加时或突发事件，这些都需要他们能够迅速调整策略以应对不同的比赛节奏。运动员在比赛中对时间的掌握不仅是对自身能力的挑战，也是对心理素质和战略智慧的考验。成功的运动员往往是那些能够精确理解和利用比赛时间的人，他们能够在关键时刻做出正确的决策，从而在竞技场上取得优势。

2. 比赛节奏的感知与调整

运动员在比赛中感知并适应比赛节奏的能力是至关重要的。不同的体育项目要求运动员在节奏上有不同的适应性和反应能力。在快节奏的比赛中，例如篮球或足球，运动员需要迅速做出反应，同时保持持续的高强度活动。这种类型的比赛要求运动员不仅要有良好的身体素质，以支撑快速的动作和不断变化的比赛情况，还要具备快速决策的能力，以便即时应对对手的战术和队友的配合。

相反，在慢节奏的比赛中，如高尔夫，运动员则需要展现出更多的耐心和精准控制。在这类比赛中，每一次击球或动作都需要精心计算和控制，运动员必须保持高度的注意力集中和冷静，以确保每一次动作都尽可能精准。此外，慢节奏比赛中的运动员还需要具备良好的心理调节能力，以应对比赛过程中可能出现的长时间等待和不断变化的比赛环境。

无论是快节奏还是慢节奏的比赛，运动员都需要根据比赛的特点和当前的比赛情况灵活调整自己的节奏。这种对比赛节奏的感知和调整能力，不仅涉及体能和技术，还涉及心理和战略层面。运动员必须在比赛中不断评估自己和对手的状态，以及比赛的发展趋势，从而做出适时的调整和决策。这种能力的培养和提升，对于运动员在高水平竞赛中取得成功至关重要。

3. 时间紧迫感的影响

在体育比赛中，时间的紧迫感对运动员的心理状态和行为选择有着显著的影响，特别是在比赛的关键时刻。比赛时间的逼近常常会增加运动员的压力感和紧张感，这种心理状态的变化可能会导致他们的行为模式发生显著改变。例如，在足球比赛的最后几分钟，如果比分相差不大，球队可能会采取更加冒险的策略，试图通过攻势来扭转比赛结果。相反，如果他们正在领先，他们可能会选择更加保守的策略，如控球和防守，以保持优势直到比赛结束。

这种时间紧迫感的影响不仅体现在战术选择上，还体现在运动员的心理调节和情绪管理上。在紧张的比赛时刻，运动员需要保持冷静和注意力集中，同时快速做出决策。他们必须有效地管理自己的情绪，防止紧张或焦虑影响自己的表现。这需要运动员具备良好的心理素质和应变能力，以应对比赛中的各种压力和挑战。

时间紧迫感在体育比赛中扮演着关键角色，它不仅影响着比赛的战术安排，还深刻影响着运动员的心理状态和表现。成功的运动员往往能够在时间的压力下保持清晰的头脑，有效地调整自己的策略和行为，从而在关键时刻发挥出最佳水平。

4. 策略安排与时间管理

策略安排与时间管理对于运动员来说至关重要，尤其是在耐力型比赛中。如在长距离赛跑中，运动员需根据比赛的持续时间和自身的体能情况来制定合理的策略。一般来说，在比赛的初期，运动员会选择保持一定的速度，这有助于他们保留体力和控制节奏，避免在比赛早期就消耗过多的体力。

随着比赛进程的推进，运动员需要根据自己的体能状况和对手的表现来调整策略。例如，在长距离赛跑的后期，运动员可能会选择加速，以实施冲刺战术。这种策略的关键在于精确地判断何时加速，以最大限度地发挥自身优势，同时确保有足够的体力完成比赛。

此外，运动员还需要考虑其他因素，如天气条件、赛道特性等，这些都可能影响比赛策略的制定和执行。有效的时间管理和策略调整能够帮助运动员在比赛中保持竞争力，最终取得好成绩。总的来说，策略安排和时间管理是运动员在比赛中取得成功的关键因素之一。

5. 对最佳表现时机的把握

在个人竞技项目中，如田径运动，运动员对比赛中最佳表现时机的把握至关重要。为了确保在关键时刻以最佳状态亮相，运动员需要对自己的体能和技术特点有深入的了解。他们会在比赛中精心观察和计算，以确定何时发力会产生最大的效果。这不仅涉及对自身能力的认识，也需要对比赛对手的策略和表现有所了解。运动员可能会在比赛的某个特定时刻，如最后一圈或最后几秒钟，利用自己的爆发力或耐力优势，进行决定性的发力。这种策略的成功实施不仅需要丰富的比赛经验和敏锐的现场感觉，还需要长时间的训练和准备，以便在关键时刻能够发挥出最好的状态。这种对最佳表现时机的把握能够极大地提升运动员在比赛中的竞争力，帮助他们在激烈的竞争中脱颖而出。

6．时间感知的个体差异

时间感知的个体差异在体育运动中扮演着关键角色，这种差异影响着运动员在不同类型的比赛中的表现和策略。

有些运动员在高压力环境下能够更好地发挥，他们的大脑和身体能够迅速做出反应，适应快速变化的情况。例如，在篮球、足球或排球等快节奏的运动中，这些运动员能够在瞬间做出决策，对即时的比赛情况做出快速反应。他们对时间的敏感性使得他们能够在关键时刻发挥出色，尤其是在比赛的最后几分钟或几秒钟内。

有些运动员可能更适合于对耐力和持久性要求较高的比赛，如马拉松、自行车骑行或长距离游泳。这类运动员通常对时间的流逝有着更为细致的感知，能够在长时间的比赛中保持节奏和专注力。他们的优势在于，即使面对长时间的体力和心理压力，也能够在整个比赛过程中维持稳定的表现。他们往往能够有效地管理自己的体能，避免过早耗尽体力，同时在比赛的关键时刻保持清晰的思维。

时间感知能力还与运动员的心理状态和训练程度有关。一些运动员可能通过训练和经验积累，提高了在特定情况下的时间感知能力和决策速度。而心理因素，如焦虑、压力感知和自信心，也会影响运动员对时间的感知和反应。

了解运动员在时间感知上的个体差异对教练和运动员本人都非常重要。这有助于他们制定更为个性化的训练计划和比赛策略，充分发挥每位运动员的独特优势，同时提高整体表现和竞争力。教练可以根据运动员的这一特性来调整训练内容，如增强决策速度、提高耐力和专注力等，以期在竞赛中取得更好的成绩。

时间感知在高校体育运动中是一个多维度的概念，涉及生理、心理和战术等多个层面。运动员的时间感知能力直接影响他们的表现和比赛结果，是运动训练和比赛策略中不可忽视的重要部分。

（五）身体语言和表达

运动不仅仅是一种物理活动，它也是一种复杂的身体语言和表达形式。运动员通过其动作、姿势和表情，能够传递出丰富的情感、意图和状态。现象学，作为研究人类经验和意识的学科，为理解和解读运动中的身体语言提供了独特的视角。

在运动中，每一个动作和姿态都可能含有特定的意义。例如，一个运动员在比赛中的肌肉紧绷和专注的面部表情不仅展现了他们的身体能力和训练水平，还传达了比赛中的紧张感、竞争精神和坚定的决心。这些非语言性的表达方式为观察者提供了理解运动员内心世界和比赛状态的线索。

运动员的身体语言也能够显示出他们对胜利的渴望、对失败的失望或对挑战的恐惧。例如，胜利时举手庆祝、失败后低头沮丧或在面对挑战时的紧张表情，这些身体上的反应和表达不仅反映了运动员的个人情感，还可能影响观众和对手对比赛的看法。

现象学研究着重于如何从第一人称的视角理解经验，这使其成为研究运动员身体语言的理想工具。通过现象学分析，研究者可以更深入地探索运动员在比赛中通过身体语言传达的情感和意图，以及这些身体语言是如何被观察者所解读和感知的。这种研究不仅增加了我们对体育运动的深度理解，也丰富了我们对人类非语言交流的认知。

总而言之，运动中的身体语言和表达是一个复杂而深刻的研究领域，它连接着身体动作、心理状态和社会交往。通过对这些身体信号的理解和解读，我们能够更全面地理解运动员的经验和体育运动的本质。

（六）流动性和沉浸感

在运动中，运动员常常经历一种流动性和沉浸感，即完全投入活动中并忘记自我。这种体验对于身体和心理状态的研究具有重要意义。现象学可以帮助理解个体如何在运动中实现心流状态，并探讨流动性体验对运动和学习的影响。

（七）身体边界和身份

运动作为一种身体和心理活动，不仅对运动员的身体边界提出挑战，也深刻影响着他们的身份和自我概念。运动员在其运动生涯中经常面临身体极限的挑战，如疼痛、疲劳、伤害等，这些都是对身体边界的直接考验。同时，他们的身份和自我概念与他们的运动活动紧密相连，运动成就、团队归属感、竞技精神等都在塑造运动员的个人身份。现象学提供了一个独特的视角来研究这些体验，它探索个体如何感知、理解并处理身体边界的体验，以及运动如何影响个人的身份认同。

首先，面对身体边界的挑战，运动员经历了一系列复杂的身体和心理过程。

疼痛和伤害不仅是身体上的感受，也深刻影响着运动员的心理状态和情绪。他们可能会经历挫败感、焦虑或自我怀疑，同时也可能发展出坚韧和应对挑战的能力。现象学可以揭示这些体验是如何被内化和转化为个人成长和自我认识的一部分。

其次，运动活动对运动员的身份认同会产生重要影响。例如，职业运动员可能将自己的身份与运动成就紧密联系，运动成为他们自我概念的核心部分。他们的成功、失败、团队归属和社会认可等都会影响他们的自我感知和身份构建。现象学关注这些身份构建是如何在运动员的日常生活和运动生涯中逐步形成的。

最后，运动员对身体边界的认识和处理方式，以及他们的身份认同，也受到社会文化因素的影响。文化背景、性别角色、社会预期等因素都在影响着运动员的体验和身份构建。

通过现象学的视角，可以更深入地理解运动员如何在运动中体验和处理身体边界的挑战，以及这些体验是如何塑造他们的身份和自我概念的。这种理解不仅对运动员个人发展和心理健康至关重要，也对运动心理学和运动哲学的研究提供了重要的视角。

高校体育运动是一个充满现象学意义的领域，可以深入研究身体经验、空间关系、社会互动、时间感知、身体语言、流动性、身体边界和身份等各种现象学维度。通过对这些维度的研究，我们可以更好地理解运动的本质，以及运动如何影响个体的身体、心理和社会层面。这不仅拓展了对高校体育运动的理解，还为体育教育和研究提供了有益的视角和方法论，促进了对这一领域的深入探讨和思考。

二、高校体育教育的现象学意义

现象学在高校体育教育中的应用主要体现在深入理解和解释学生的体育学习体验、个性发展、教育环境、社会互动、身体感知以及教育目标等方面。现象学的核心在于探究个体的主观体验和世界的意义构建，这对于深化对体育教育的理解具有重要价值。

（一）学习体验

在高校体育教育中，学生的学习体验远超过简单的技能掌握，它涵盖了一系列的情感体验、面临的挑战和成就感。这些体验在心理和情感层面上对学生产生深刻影响，帮助他们在多方面成长和发展。

体育活动为学生提供了一个情感丰富的学习环境。当学生参与体育活动时，他们可能会体验到竞争的紧张、团队合作的兴奋或个人成就的喜悦。这些直接感受不仅增加了体育活动的吸引力，还有助于培养学生的情感智力，如学习如何管理压力、激发激情和享受团队成功。

学生在体育活动中面临的挑战对他们的个人成长至关重要。无论是学习新技能的挑战，还是在竞技中与对手竞争的挑战，这些经历都激励学生克服障碍，培养了他们解决问题的能力和坚韧的性格。例如，克服技术难题或战胜强大对手的过程，不仅提高了学生的体育技能，还增强了他们的自我效能感和自信心。

现象学在理解学生体育学习体验中起到关键作用。通过深入探究学生在体育活动中的主观感受和动机，教育者能够更好地理解学生的需求和挑战。例如，学生可能因为追求健康，或希望在体育领域取得成功或渴望与同伴建立联系而参与体育活动。了解这些动机有助于教育者设计更有吸引力和效果的体育课程。

高校体育教育中的学习体验不仅仅是关于体育技能的学习，更是关于个人情感、挑战应对和心理成长的综合过程。通过现象学的视角，教育者可以更全面地理解和支持学生在体育活动中的全面发展，从而促进他们在技能、情感和心理层面上的均衡成长。

（二）个性发展

体育教育在高校中扮演的角色远不止于技能的传授，它同样是学生个性发展的重要渠道。参与体育活动，学生们不仅学习到运动技巧，还在这个过程中培养了许多关键的个性品质，如自信心、领导能力、团队合作精神、毅力和应对压力的能力。这些品质的培养往往与学生在体育活动中的直接体验紧密相关。例如，当学生在体育比赛中担任队长或关键角色时，他们学习到如何领导和激励团队，这直接影响他们领导能力的发展。同样，团队体育项目如篮球、足球等培养了学生之间的协作和沟通技能，这些技能在日后的职业生涯中同样非常重要。此外，体育教育中的挑战和竞争经历，如赢得比赛或克服技术困难，增强了学生的自信心和自我效能感。

现象学在这个过程中发挥着重要作用，它关注个体如何通过身体经验来塑造自己的身份和自我认知。这包括学生如何感知自己在体育活动中的角色，他们对成功和失败的感受，以及这些体验是如何影响他们的自我概念和价值观。通过现象学的视角，教育者可以更深入地理解学生在体育活动中的内心体验，以及这些体验是如何影响他们的个性发展和身份构建。

通过体育活动，学生不仅提升了身体素质，还发展了许多对其整体成长至关重要的个性品质和社会技能。现象学的应用有助于教育者更全面地理解这一过程，从而更有效地支持和引导学生的个性发展。

（三）教育环境

高校体育教育的教学环境，包括体育场馆、教练、教材以及整体的教学氛围，都会对学生的学习体验和体育活动的参与产生深远的影响。这些环境因素不仅提供了学生学习体育技能的物理空间和资源，还构成了他们体育学习的背景和框架，深刻影响着他们的学习动机、参与度和学习效果。

现象学的应用在这里显得尤为重要，因为它可以揭示教育环境是如何影响学生的主观体验和学习过程的。例如，一个设备完善、维护良好的体育场馆可能会激发学生的学习兴趣和参与欲，让他们感受到更加正面的情绪体验，进而提高学习效果。相反，如果体育设施陈旧不足，可能会对学生的学习体验产生负面影响，减少他们的参与热情。

教练的教学风格和互动方式也是影响学生体验的重要因素。一个鼓励性和支持性的教练可能会帮助学生更好地克服挑战，增强自信心。而严格或批评性强的教练可能会引发学生的焦虑感，影响其学习动力。

此外，教材的选择和教学内容的安排也在塑造学生的体育学习体验中起着关键作用。教材和课程内容是否吸引人、是否符合学生的兴趣和需求，这些都将直接影响学生的参与度和学习成效。

通过现象学的视角，教育者可以更深入地理解和评估教育环境对学生学习体验的影响。这种理解不仅有助于提升学生的学习效果，还能促进他们的全面发展。了解学生如何在不同教育环境下感知、体验和互动，能够指导教育者对教学策略和环境布置进行更有针对性的优化和调整。

（四）社会互动

高校体育教育中的社会互动是学生体育学习经验的重要组成部分，这些互动发生在学生与教练、队友、对手甚至观众之间，涵盖了一系列丰富多彩的人际关系和社会交往。这些互动不仅对学生的运动技能和身体健康有影响，还深刻塑造着他们的社会身份、角色认知和社交技能。

在体育活动中，学生通过与教练的交流学习技能、战术和运动精神。教练通常扮演着导师和领导者的角色，他们的教导和反馈对学生的技能发展、心理调节和价值观形成有着重要影响。学生与队友的互动，则促进了团队合作和社会支持网络的建立。在团队运动中，如足球、篮球等，学生学习如何在团队中协作、沟通和解决冲突，这些技能对他们未来的社会生活具有长远意义。

与此同时，与对手的竞争和互动也是学生社会体验的重要部分。通过和对手的比赛，学生学习如何在竞争环境中展现尊重、诚信和体育精神。这种经历帮助学生理解公平竞争的价值，并学习如何在压力和挑战下保持坚韧和正直。

现象学在这个过程中起到了关键作用，它帮助我们理解学生是如何在这些社会互动中构建和发展自己的社会身份和角色的。学生的社交行为、态度和感受都是他们个人身份和社会角色构建的反映。现象学关注个体在特定社交情境中的经验，如何解读和回应周围人的行为，以及这些经验如何塑造他们的社会认知和行为模式。

通过深入理解学生在体育活动中的社会互动经验，教育者可以更好地指导和支持学生的社会发展。这包括提升他们的沟通技巧、团队协作能力、领导力以及处理人际关系和冲突的能力。综合来看，社会互动在高校体育教育中发挥着至关重要的作用，不仅有助于学生的体育技能提升，还促进了他们的社会性发展和个人成长。

（五）身体感知

在高校体育教育中，学生的身体感知扮演着核心角色。身体感知不仅是指对运动技巧、姿势和动作的物理感觉，还包括对自己身体能力和限制的深入了解。学生在体育活动中通过直接的身体经验学习如何控制和协调自己的身体，这些身体感知经验对于他们的学习和整体发展至关重要。

现象学在这个领域提供了一个独特的视角，它探究个体如何感知和理解自己的身体，在运动中如何体验身体的运动和空间占据。例如，一个学生在学习篮球投篮时，不仅要理解手和眼的协调动作，还要通过反复练习感知手臂的力量、角度和运动轨迹，以及如何在不同的情境下调整这些因素以达到最佳效果。

身体感知也涉及对身体内部状态的感知，如疲劳、力量、速度和平衡感。在长跑或游泳等耐力运动中，学生学习如何感知和调节自己的节奏、呼吸和体力消耗，以维持最佳的运动状态。这种感知能力对于运动技能的掌握和提高非常重要。

现象学还关注身体感知如何影响学生的学习过程和技能掌握。学生对自己身体的感知能力越强，他们调整和优化运动技巧的能力也就越强。身体感知不仅是运动技能学习的基础，还是个人自我认知和自我效能感的重要组成部分。例如，当学生通过身体感知掌握了一项新技能，他们不仅提高了运动技能，还增强了对自己身体能力的信心和了解。

身体感知在体育教育中的作用不容忽视，它不仅是技能学习的基础，也是个人自我认知和发展的关键。现象学通过深入探索身体感知的经验，为教育者提供了理解和支持学生体育学习的重要视角。

（六）教育目标

高校体育教育设定了一系列综合性的教育目标，这些目标不仅涵盖了身体素养和技能提升，还包括了健康习惯的培养、团队合作能力的发展等方面。这些目标反映出高校体育教育的价值取向和对学生全面成长的期望。现象学的应用能够帮助我们更深入地理解这些教育目标的真正内涵，以及学生在实现这些目标的过程中的体验和变化。

1. 身体素养和技能提升

体育教育的一个主要目标是提高学生的身体素养和运动技能，这是培养健康、活跃的生活方式的基础。在体育课程中，学生不仅学习各种运动的基本规则和技巧，还通过参与各类体育活动来增强自己的体质。这包括提高身体的协调性、灵活性、力量和耐力。这些技能的提升有助于学生在日常生活中更好地管理自己的身体，并在运动中达到更高的成就。

现象学在这个过程中起着重要作用，它帮助我们理解学生在学习和掌握这些运动技能过程中的个人体验。例如，学生在学习篮球投篮或足球踢球技巧时，可能会遇到挑战和困难，但随着技能的提高，他们会感受到进步和成就感。这种体验不仅涉及身体上的学习过程，还包括心理上的自我克服和自信心的建立。通过深入理解学生的这些体验，教育者可以更有效地支持和引导学生在体育学习中的成长，使他们不仅掌握运动技能，还能在过程中建立积极的自我认知和健康的生活习惯。

2. 健康习惯的培养

高校体育教育不仅关注技能的培养，同样重视学生健康生活习惯的形成。这包括促进规律的体育锻炼、均衡饮食，以及培养良好的休息和恢复习惯。这些习惯对于学生保持身体和心理的健康至关重要，对提升他们的生活质量有着显著影响。体育课程和活动不仅传授运动技能，也教授如何在日常生活中实践健康的生活方式。

现象学在此发挥着独特的作用，它关注学生如何在自己的日常生活中逐渐培养和维持这些健康习惯。这种关注不仅涵盖了行为层面的习惯形成，还包括了学生如何感知这些习惯对自己身体和精神状态的影响。例如，学生可能会发现，定期运动不仅改善了他们的体能，还提升了他们的情绪和精神状态。同样，良好的饮食习惯和充足的休息能够提高他们的学习效率和日常活力。

通过现象学的视角，可以更深入地理解学生在形成和维持健康习惯过程中的个人体验和挑战。这有助于教育者更好地设计教学活动和课程内容，以支持和促进学生在这些关键领域的发展。了解学生如何体验这些变化，并如何在日常生活中应用所学到的健康习惯，是帮助他们建立持久健康生活方式的关键。

3. 团队合作能力的发展

在体育活动中，特别是团队运动项目如足球、篮球或排球中，学生获得了学习和实践团队合作的宝贵机会。这些体育活动不仅需要队员们在比赛中相互协作，还涉及团队内部的有效沟通、共同目标的设定以及在面对困难时的冲突解决。这些团队互动的经历对于学生的社交技能和人际关系发展具有深远的影响。

现象学在这一过程中提供了深入理解学生在团队互动中主观体验的视角。例如，学生在参与团队运动时，需要学习如何信任队友、如何在团队中寻找自己的角色以及如何与队友有效沟通。在团队中取得成功需要每个成员的共同努力，这种经历使学生学会了团队合作的重要性，并在实践中体会到共同努力带来的成就感。

团队运动也为学生提供了一个学习如何处理人际冲突和意见分歧的环境。在比赛和训练过程中，可能会出现策略分歧或执行上的误解，学生需要学习如何在保持个人立场的同时，也考虑团队的整体利益。这些经验不仅在体育领域内有价值，对于他们未来的职业生涯和人际关系也具有重要意义。

通过现象学的研究，我们可以更深入地理解学生在团队运动中的互动是如何塑造他们的社会身份、如何影响他们的社交行为，以及他们是如何在这些体验中建立起对团队合作的理解和价值观的。这种理解帮助教育者设计出更有效的教学策略，不仅在技术层面上提升学生的运动技能，也在社交和情感层面上促进学生的全面发展。

4. 实现教育目标的过程

现象学在高校体育教育中的应用不仅局限于理解教育目标本身，还深入探讨学生在实现这些目标过程中的个人经验和感受。这些经验和变化对于学生的教育和个人发展具有重要意义，同时也会对他们未来的生活方式和价值观产生深远的影响。

学生在体育教育中的成长经历是多层次的。当他们在体育活动中感受到身体能力的提升时，这不仅是技能提高的表现，更是自我效能感增强的反映。例如，当学生在跑步、游泳或球类运动中逐步提升自己的表现时，他们不仅学到了技能，还体验到了通过努力和坚持实现目标的满足感。这种经验对于培养学生的自信心和坚持不懈的精神是至关重要的。

在团队运动中的学习过程同样关键。学生学习如何在团队中建立信任、依赖他人以及共同工作以达成目标。在这个过程中，他们不仅提升了自己的社交技能，还学习了如何在多样化的团队中找到自己的位置，如何在团队中与队友相互支持和提升。这些社交和团队合作的经验对于学生未来在职场和社会中的互动具有重大影响。

学生在日常生活中逐步形成的健康习惯也是体育教育中的重要组成部分。这些习惯，如定期运动、健康饮食和充足休息，对于学生的长期身体和心理健康至关重要。学生在体育教育中学到的这些习惯和知识，不仅在校园内有所体现，更会伴随他们未来的生活，成为他们生活中的一部分。

通过现象学的视角，我们可以更全面地理解学生在体育教育中的成长经历不仅仅是技能的提升，更包括个人价值观的塑造和生活方式的改变。这种深入的理解对于教育者来说是宝贵的，它有助于他们更有效地设计和实施教学策略，以促进学生在体育活动中的全面成长。

高校体育教育的现象学意义体现在学习体验、个性发展、教育环境、社会互动、身体感知和教育目标等多个方面。通过现象学的视角，我们能够更深入地理解高校体育教育的复杂性和多维性，为提高教育质量和学生体验提供有益的思考和方法论。这有助于将体育教育视为一个丰富的领域，超越传统教育模式，更好地满足学生的需求和发展。

第二节　基于现象学对于高校体育教育教学方式的本真理解

一、体育教学要面向运动技术价值的事实本身

在体育教学中，运动技术知识的传授和理解是核心环节，涉及知识的重塑、实践性和教育性。现象学在这一过程中提供了深刻的理解和方法论，强调体育教学不是技术知识的简单传递，而是对这些知识的深入体验和应用。

（一）运动技术知识的重塑

在体育教学中，运动技术知识的重塑是一个关键环节，它涉及将理论知识转化为学生的实际身体经验。这一过程不仅是对知识的传递，更是一种对知识理解和应用能力的培养。现象学在这一转化过程中提供了重要的理论支持，强调了学习过程中实践性和体验性的重要性。

以篮球教学为例，学生首先接触的是关于投篮的理论知识，如投篮时手臂的正确角度、力量如何分配，以及如何协调整个身体的动作等。这些理论知识为学生提供了基础的技术框架。然而，仅仅理解这些理论知识并不足以让学生掌握投篮技巧。学生需要通过在篮球场上的实际练习，将这些理论知识转化为实际的技能。在这个过程中，他们能够体验不同投篮姿势和力量分配对投篮效果的具体影响，从而深入理解这些技术细节。

教师在运动技术知识重塑过程中的作用不可或缺。教师需要设计有效的教学计划和实践活动，引导学生将理论知识转化为实践技能。这包括提供清晰的动作示范、监督学生的练习过程、提供针对性的反馈，以及根据学生的个别差异调整教学方法。教师的目标是帮助学生从理论出发，通过实践活动，实现技术知识的深入理解和应用。

运动技术知识的重塑是一个将理论知识与实际体验相结合的过程。它要求教师不仅要传授理论知识，还要为学生提供丰富的实践机会，使他们能够通过身体经验深入理解和掌握运动技术。这种教学方法不仅提高了学生的学习效率，而且有助于他们在运动技能的理解和应用方面取得更大的进步。

（二）运动技术知识的实践性

运动技术知识的实践性是体育教学的一个核心方面，它强调将理论知识应用于实际的运动实践中。现象学在这方面提供了重要的理论基础，突出了学习过程中实践和体验的重要性。

1. 体验与参与

在体育教学中，将学生的体验与参与作为学习过程的核心，对于他们深化对运动技术知识的理解是至关重要的。这种教学方法超越了传统的理论讲授，重点放在通过实践体验来增强学生对运动技术的理解。学生不是仅仅通过书本或讲解来学习技术，而是通过直接参与体育活动，亲自体验和练习运动技术。例如，在篮球训练中，学生通过亲身实践投篮、运球和防守来学习。在这个过程中，他们不仅仅是在模仿动作，而是通过实际操作来感受和理解每个动作的重要性和细节。学生能够直接体验到不同投篮角度、手腕力量的调整以及脚步移动对投篮准确性的影响。同样，通过运球和防守的练习，他们能够理解如何有效地控制球和应对对手。

这种体验和参与的方法不仅帮助学生更准确地理解技术动作，而且还能够提高他们对整个运动过程的认识。通过实际参与，学生能够更好地理解运动规则、策略以及如何在比赛中应用这些技能。此外，这种方法还能够提高学生的参与度和兴趣，使他们在学习过程中更加积极主动。

通过强调体验与参与，体育教学能够更有效地促进学生对运动技术的理解和掌握。这种方法不仅提高了学生的学习效率，而且使学生能够在实际运动中更好地运用所学知识，从而在技能和战略上都取得进步。

2. 实践中的理解

在体育教学中，通过实践活动获得的理解对学生掌握运动技术至关重要。这种基于实际体验的学习方式使学生能够不仅仅理解技术的表面层面，更能深入地领会技术背后的原理和策略。与单纯的理论学习相比，实践中的理解更加深刻和持久，因为它涉及学生的直接体验和感受。以足球训练为例，学生通过亲自踢球来学习控球和传球技巧。在这个过程中，他们不仅学习如何控制球和传递球，还能体验到在不同比赛情境下运用这些技巧的时机和效果。比如，学生可以实践如何在对抗中保持球的控制，以及如何在进攻时找到并执行有效的传球。这种实际操作使得学生能够更全面地理解足球技术，包括技术动作的细节、战术的运用，以及如何在比赛中应对不同的挑战。

实践中的理解还包括对运动规则、战略和团队协作的深刻理解。比如，在足球训练中，学生通过参与比赛和练习，学习如何在规则框架内运用技术，如何与队友协作以实现战术目标，以及如何根据比赛的发展调整策略。这种基于实践的学习过程有助于学生建立对足球运动的全面理解，这种理解不仅限于技术层面，还包括战略和团队合作层面。

实践中的理解是体育教学的核心组成部分。通过亲身参与体育活动，学生能够在实践中深入理解运动技术，并将这些技术应用于实际比赛和运动场景中。这种方法不仅提高了学生的运动技术水平，还增强了他们对运动的整体理解和热爱。

3. 从经验中学习

实践性教学方法的核心是促使学生从实际的运动经验中学习和成长。这种方法超越了传统的教室理论教学，将学生置于真实的运动环境中，使他们能够全面地掌握运动技术并深入理解运动的多个方面。

（1）技术的实践掌握

在实践性教学的框架下，学生通过参与真实的体育活动直接学习和掌握运动技术，这种方法强调了技术学习的实践和体验性质。例如，在篮球训练的过程中，学生不仅仅在理论层面了解投篮、运球和防守技巧，还通过亲自上场练习这些技能。这样的实践学习方式让学生有机会直接体验每个技术动作的具体执行，感受动作的细微差别，如手腕的弯曲程度、跳投时腿部力量的运用，以及在防守时身体平衡的重要性。

通过这种亲身实践，学生能够更加深入和准确地理解篮球技术的核心要素。他们在实际比赛或训练场景中应用这些经验，从而学会如何在不同的比赛情境下灵活运用所学技术。这种学习方法不仅提高了技术掌握的效率，而且帮助学生建立起对篮球运动的直观感知和理解。因此，在实践性教学中，学生通过动手实践而不仅仅是通过听和看来掌握运动技术，这种学习方式对于他们完整掌握和应用运动技能至关重要。

（2）身体感知的增强

实践活动在体育教学中的一个重要作用是增强学生对自身身体的感知能力。这种感知不仅限于对特定技能的掌握，还包括对身体各种能力如力量、速度、协调性和耐力的深入了解。例如，在长跑训练中，学生不仅学习跑步技术，更重要的是学习如何感知和调节自己的呼吸和步伐，这对于提高跑步的效率和持久力至关重要。

在实践中，学生通过反复练习能够逐渐感知到身体在运动中的各种细微变化。比如，在跑步时，他们学习如何根据自己的呼吸节奏调整步伐，如何分配跑步过程中的能量，以及如何在不同的地形和距离上保持最佳的身体状态。通过这种实践，学生能够更加敏锐地感知到身体的极限和潜能，了解如何在运动中最大化自己的身体能力。这种身体感知的提升还可以帮助学生在其他运动技能的学习中取得进步。例如，学生在篮球或足球等球类运动中，通过感知自己身体的协调性和反应速度，能够更好地控制球和应对比赛的快节奏。而在体操或舞蹈等项目中，对身体柔韧性和平衡感的感知则显得尤为重要。

实践活动中对身体感知的增强是体育教学的重要部分。它不仅使学生能够更好地掌握特定的运动技巧，还帮助他们建立对自身身体能力的深入了解和应用。这种对身体感知的提升在运动技能发展和身体健康维护方面发挥着关键作用。

（3）运动规律的理解

实践性教学在体育教育中不仅帮助学生掌握运动技术，更重要的是，它促进了学生对运动基本规律和策略的深入理解。在团队运动如足球或排球中，这种理解尤为关键，因为它不仅涉及个人技能的运用，还包括如何在团队中有效协作以及如何根据比赛的流程灵活调整战术。

例如，在足球比赛中，学生通过实践学习如何在不同的比赛阶段与队友协作，比如在进攻或防守时的位置选择和球的传递策略。他们学习如何根据比赛的实时情况和对手的战术调整自己的策略，比如在面对强劲对手时如何加强防守，或在落后时如何增强进攻力度。在排球比赛中，学生则学习如何在团队中分工协作，如接应、扣球和拦网等不同角色的协同作用。他们通过实践理解比赛节奏的控制，学会在关键时刻做出快速反应和有效决策。

这种对运动规律和策略的理解不仅限于技术层面的学习，还涵盖了战略思维和团队协作能力的培养。学生在实际运动中的体验使他们能够更好地理解如何在团队中发挥作用，如何在竞技场上灵活运用策略，以及如何在高压的比赛环境中保持冷静和集中注意力。

实践性教学在体育教育中的应用不仅帮助学生掌握运动技术，更重要的是，它促进了学生对运动规律和战略的全面理解。这种理解对于学生在运动场上的表现和团队合作能力的提升至关重要。

（4）应对突发情况的能力

实践性教学在体育运动中不仅强调技术和策略的学习，还特别注重培养学生应对突发情况的能力。在实际运动中，经常会出现各种不可预见的情况，如对手的突然攻势、队友的意外受伤或比赛条件的改变等。这些情况要求运动员能够迅速做出判断并采取适当的应对措施。

例如，在足球比赛中，对手可能会突然改变攻击策略或使用不常见的战术，这就需要球员能够迅速识别并调整自己的防守方式。学生通过参与这样的比赛，学习如何在短时间内分析局势并做出有效的应对。这种能力涉及快速决策、灵活性和战术适应能力的培养。在篮球比赛中，紧急防守转换是另一个经常遇到的突发情况。当对方快速反击时，球员需要迅速从进攻状态切换到防守模式，这不仅需要技术能力，更考验球员的反应速度和策略理解。通过实际比赛和针对性训练，学生可以在这些高压和快节奏的环境中学习如何保持冷静，并迅速做出最有效的应对。

这种应对突发情况的能力也与心理素质的培养密切相关。运动员在面对不可预见的情况时需要保持冷静和注意力集中，这要求他们具备良好的心理调节能力和压力管理能力。通过参与实际比赛和模拟突发情况的训练，学生不仅能学习到具体的技术和战术应对，还能够在心理和情绪层面做好准备。

实践性教学在体育运动中对培养学生应对突发情况的能力至关重要。这种能力的培养使得学生在面对运动中的不确定性和挑战时，能够更加灵活和有效地做出反应，从而提高他们在比赛中的整体表现和适应能力。

4. 教师角色的转变

在实践性教学的环境中，教师的角色经历了显著的转变，从传统的知识传授者转变为学生学习过程中的引导者和协助者。这一变化对于教学方法和教师与学生之间的互动都产生了深远的影响。

在这种教学模式下，教师的主要职责是设计和组织一系列有效的实践活动，这些活动旨在促进学生通过实际体验来学习运动技能和理解运动规律。教师需要创造一个环境，让学生能够在实践中探索和尝试，而不仅仅是被动地接受知识。

例如，在篮球或足球的训练中，教师可能会安排一系列针对特定技能的练习，如投篮、运球、传球或战术演练，并引导学生在实践中发现正确的技术执行方法。在这个过程中，教师的作用是观察学生的表现，及时提供反馈，帮助学生识别和改正错误，同时鼓励他们尝试不同的方法和策略。

教师还扮演着学生学习过程中的协助者角色。他们不仅需要回答学生的问题，还需要帮助学生理解运动技术的原理和背后的逻辑。在团队运动中，教师还需要帮助学生理解团队合作的重要性，引导他们如何在团队中有效沟通和协作。

这种教师角色的转变对学生的学习方式产生了显著影响。学生在实践中变得更加积极主动，他们不再是被动的知识接受者，而是通过实际操作和实践活动来积极探索和学习。这种学习方式不仅提高了学生的兴趣和参与度，还帮助他们更有效地掌握技能和深入理解运动的本质。

教师在实践性教学中的角色转变是推动学生积极主动学习的关键。通过设计有效的实践活动、提供及时反馈和引导学生探索，教师能够更好地促进学生在体育运动中的技能发展和全面成长。

运动技术知识的实践性是体育教学的关键组成部分。通过实践性教学，学生不仅能够更深入地理解运动技术，还能够培养对运动的全面理解和热爱。这种教学方法培养了学生在运动技术上的实际应用能力，为他们未来的运动实践和参与奠定了坚实的基础。

（三）运动技术知识的教育性

在体育教学中，教师的角色和职责远远超出了单纯的技术知识传授者，他们更是学生学习过程中的重要引导者和教育者。这一角色的扩展体现在以下几个关键方面。

1. 教授运动技术的深层原理

在体育教学中，教授运动技术的深层原理是一项关键的教育任务，它远远超出了简单技能的教授范畴。教师在这个过程中不仅传授技术动作，更重要的是揭示这些技术背后的科学原理和逻辑，帮助学生建立对运动技术的全面和深入理解。

以游泳技术的教学为例，教师首先教授学生基础的划水和呼吸技巧，这是游泳技术的基本组成部分。然而，更深层次的教学不能仅停留在动作的演示和练习上，而是进一步探讨水的物理特性如何影响游泳，如水的阻力如何作用于身体，以及如何通过改善姿势和划水技巧来降低阻力，提高游泳速度。

教师还会解释身体在水中的动力学原理，比如为什么保持身体的直线姿势能够帮助减少阻力，如何通过身体的旋转来增加划水的力量，以及呼吸技术如何与身体的协调性和节奏相结合。这些深入的解释能够帮助学生理解游泳技术不仅仅是一系列动作的组合，还是一个复杂的、涉及多个物理和生理因素相互作用的过程。

通过教授运动技术的深层原理，教师不仅提升了学生的技术水平，还培养了他们分析和解决问题的能力。学生通过理解技术背后的原理，能够更自主地调整和优化自己的运动技巧，同时这种理解也激发了他们对运动科学的兴趣和好奇心。

教授运动技术的深层原理是体育教学中不可或缺的部分。它不仅提高了学生的运动技能，还丰富了他们对运动的科学理解，为他们未来的运动实践和学术探索奠定了坚实的基础。

2. 超越技术的教育

体育教学中的教育性不仅仅局限于技术层面的教授，它还深入学生的道德、文化和人格发展。在这一教育过程中，教师承担着引导学生理解和实践运动中的核心价值观和行为准则的责任。

（1）道德培养

体育活动作为培养道德的理想平台，它的作用不仅在于技术技能的提升，更在于它所提供的道德教育和社会互动的机会。在教授团队运动如篮球或足球时，教师会特别强调团队合作的重要性，并引导学生在激烈的竞争环境中维护公平竞争的精神和对对手的尊重。

这种教育方式使学生在参与体育活动的过程中学会如何在获胜或失败的情况下保持优雅和尊严，理解胜利不仅仅是比分上的优势，还包括展现良好体育精神和尊重规则的能力。在团队运动中，学生学习有效的沟通技巧和协作策略，理解团队合作的重要性，以及如何在集体目标面前发挥个人能力。面对比赛中的各种挑战和压力，学生学习如何保持坚韧和毅力，如何在逆境中找到解决问题的方法，以及如何在团队中相互支持和鼓励。这些体验不仅在运动场上重要，在学生的个人成长和未来的社会生活中也具有极大的价值。

通过体育活动的道德培养，学生不仅学习到了运动技巧，更重要的是，他们学会了如何在团队中有效合作，如何在竞争中保持公正和尊重，以及如何在挑战面前展现坚韧和毅力。这些教育内容为学生提供了宝贵的生活技能，帮助他们成为更加成熟和负责任的个体。

（2）文化理解的增强

体育教学不仅是技术技能的传授，它还包括对运动项目的历史和文化背景的深入介绍，这对于学生建立对所学运动的深层次理解和认同至关重要。教师在教学过程中不仅关注技术的传授，还致力于介绍各种运动的起源、发展历程，以及它们在不同文化和社会背景中的地位和意义。在教授足球或篮球等运动时，教师不仅教授比赛规则和技术技巧，还会讲述这些运动的历史，以及它们在不同国家和文化中的特殊地位。学生通过学习这些内容，能够理解运动不仅仅是一场比赛或一种娱乐方式，它还代表了一种文化传统，承载着特定的社会和历史意义。教师还会教授各种运动在不同文化中的不同表现形式，以及这些文化差异如何影响运动的风格和价值观。通过这种教学方式，学生不仅能学习到运动技能，还能增进对运动深层文化和社会意义的理解，从而更加尊重和欣赏这些运动。

这种对运动文化背景的教学有助于学生建立更全面的世界观，理解不同国家和文化对运动的不同态度和价值观。这种文化教育使得学生在学习运动技能的同时，也能够增强对运动内在价值的认可和尊重，成为具有全球视野和文化敏感性的个体。

（3）整体人格的发展

体育教学超越了单纯的技术技能传授，它在促进学生的整体人格发展方面扮演着至关重要的角色。这种教育不仅涉及运动技能的学习，更重要的是，它在道德、社会和文化方面对学生进行全面的培养。通过参与体育活动，学生不仅提升了身体素质和运动技巧，还在更广泛的层面上获得了成长和发展。

体育活动教导学生如何在团队中合作，学习团队精神和共同目标的重要性。在这一过程中，学生学会了责任感、合作意识以及如何为了集体的利益作出贡献。这些体验帮助学生在社会互动和团队合作方面成长，为他们将来的职业生涯和社会生活打下了基础。

体育教学还强调公平竞争、尊重对手和体育精神的重要性，这些原则不仅适用于体育领域，也是社会生活中的重要道德准则。学生通过体育活动学习如何在竞争中保持诚实和正直，如何在面对挑战时展现坚韧和毅力，以及如何在胜利或失败中保持平和的心态。

体育教学中对运动的历史和文化背景的介绍，扩展了学生的视野，增强了他们的文化意识和全球认同感。学生通过了解不同国家和文化中的运动传统，学会欣赏和尊重多样性，成为有文化敏感性的个体。

体育教学超越技术的教育性质对学生的整体人格发展具有深远影响。它不仅提高了学生的身体素质和运动技能，更重要的是，促进了他们在道德、社会和文化层面上的成长，使他们成为更负责任、更有道德意识和文化理解的个体。

超越技术的教育在体育教学中占据着不可忽视的地位。它通过强调团队精神、公平竞争、文化理解和社会责任感的培养，为学生提供了一个全面发展的平台，不仅是在身体层面，更是在心理和社会层面。这种教育方式使得体育不仅是一种运动技能的训练，更是个人成长和社会参与的重要途径。

3. 引导学生的全面成长

体育教学的教育性质涵盖了教师在学生全面成长中的引导作用。这种引导不仅仅关注技术技能的提升，还致力于学生身体健康、心理素质和社会能力的培养，以塑造他们成为更全面的个体。

体育活动有助于学生建立自信心。通过不断的锻炼和技能提升，学生逐渐意识到他们的潜力和能力。成功的体验和成就感有助于提高他们的自尊心和自信心，不仅在运动领域，在其他生活方面也会使之受益。

体育教学也涉及教导学生如何应对挫折和压力。在体育比赛和训练中，学生可能会面临失败、失误或竞争的压力。教师的角色是教导学生如何处理这些挫折，如何从失败中吸取经验教训，以及如何保持积极的心态。这些应对挫折的技能在生活中同样有价值，能帮助学生更好地应对生活中的各种挑战。

体育教学强调了团队合作和社交技能的培养。学生在团队运动中学会了如何与队友协作，如何在集体中发挥自己的作用，以及如何有效沟通和解决冲突。这些社交技能在社会生活和职业中都是非常重要的。

教师在体育教学中不仅仅是技术的传授者，更是学生全面成长的引导者。他们通过体育活动帮助学生建立自信心，教导他们应对挫折和压力，培养他们的社交技能，以促进学生在身体、心理和社会层面的全面成长。这种引导作用使体育教育成为一种综合性的教育方式，从而对学生的整体发展产生深远影响。

体育教学的核心在于通过运动技术知识的重塑、实践和教育性功能，使学生不仅掌握技术，更能深入理解运动的多维价值和意义。这种教学方法使得体育教育不仅限于身体训练，而是成为学生全面发展的重要途径。

二、体育教学要回归学生的生活世界

（一）体育教学要回归学生生活的本质

体育教学的现象学观点强调了回归学生生活本质的重要性，这有助于建立更有意义和有效的教育体验。以下是关于体育教学回归学生生活本质的详细论述。

1. 定制教学内容

基于现象学的体育教学强调了教育过程中学生的个性化和参与度，其中一个关键方面就是定制教学内容以满足不同学生的背景、文化、兴趣和需求。这种个性化的教学方法对于体育教育来说尤为重要，因为它有助于提高学生的学习体验和效果。

首先，教师需要深入了解每个学生的独特背景和文化。这包括学生的家庭背景、文化传统、体育经历等。通过了解学生的文化背景，教师可以更好地理解他们的价值观、兴趣和期望，从而更好地满足他们的教育需求。

其次，教师应该关注学生的个人兴趣和需求。不同学生对体育的兴趣可能各不相同，有些可能更喜欢足球，而有些人可能更喜欢篮球或网球。教师可以在课程中灵活调整内容，以满足不同学生的需求。这不仅使学生更愿意参与体育活动，还有助于激发他们对体育的热情。

同时，定制教学内容还涉及将学生的生活经验与教学内容相结合。教师可以引入与学生生活相关的实际案例和情境，以便学生能够将所学的知识与实际生活联系起来。例如，在健康教育中，教师可以讨论如何在日常生活中保持健康的饮食习惯，或者如何培养良好的休息习惯以保证精力充沛。

最重要的是，定制教学内容可以增强学生与教师之间的互动和关系。教师关心和关注学生的需求有助于建立更紧密的师生关系，增强学生对体育教育的兴趣和参与度。这种教育方法还有助于打破文化差异带来的障碍，促进师生之间的互相理解和尊重。

基于现象学的体育教学强调了教育过程中的个性化和定制化，通过深入了解不同学生的背景、文化、兴趣和需求，教师可以设计合适的教学内容，使之与学生的生活经验和兴趣相契合。这有助于提高学生的学习体验和教育效果，培养他们的综合素养和技能，为他们未来的成功和发展打下坚实的基础。同时，这种教育方法也有助于促进教师和学生之间的互相理解和尊重，为建设更加多元和包容的社会做出贡献。

2. 实际运动体验

在现象学教育中，实际运动体验被视为教育过程中至关重要的组成部分。这种教育理念突出了学生通过亲身参与和体验来学习的重要性，强调了学生是积极参与体育活动的主体。以下是关于运动体验在现象学教育中的详细描述。

（1）积极参与和体验

现象学教育强调学生积极参与体育活动，通过体验来学习。他们亲自动手，实际操作和应用所学的体育知识和技能。这一教育理念反映了现象学的核心原则，即将学习置于学生的主动性和实际体验之中。在体育教育中，这意味着学生有机会亲自动手，参与各种体育活动，实际应用他们所学的体育知识和技能。

通过积极参与体育活动，学生能够更深入地理解体育的本质。他们可以感受到身体运动的乐趣和挑战，理解运动技能的实际应用方式。这种实践性学习方法不仅有助于学生更好地掌握体育知识，还有助于培养他们的综合运动能力和自信心。另外，学生的积极参与还促进了团队合作和沟通技能的培养。在团队体育活动中，学生需要与队友协作，共同实现团队目标。这种合作精神在体育和生活中都至关重要，并且在现象学教育中得到强调和培养。

现象学教育强调学生的积极参与和体验，使他们成为实际参与体育活动的主体。这种教育方法不仅有助于学生更深刻地理解体育知识和技能，还培养了他们的实际运动能力、自信心以及团队合作和沟通技能。通过体验，学生能够更全面地理解体育的本质，这有助于他们在体育领域取得更好的成绩和掌握更多的技能。

（2）深刻和有意义的学习

实际运动体验远比纯粹的理论教学更加深刻和有意义。学生通过亲身参与可以深入理解技能的应用和效果。他们能够亲身感受到技能在实际运动中的运用方式，从而更好地理解和记忆所学的体育知识。

在理论教学中，学生可能会被介绍各种规则、战术和策略，但这些概念在没有实际运动体验的情况下会显得抽象和难以理解。然而，通过亲身参与体育活动，学生可以将这些概念置于实际情境中，看到它们是如何应用于实际比赛或锻炼中的。这种体验有助于学生将抽象的理论知识与实际运动相联系，使学习更具实际意义。

通过实际运动体验，学生能够更好地理解技能的效果。他们可以亲自感受到技能的运用带来的变化，如提高身体协调性、增强力量或改善灵活性。这种直接的感受和体验使学生更容易理解技能的价值和重要性，从而增强他们对所学体育知识的记忆和理解。

实际运动体验为学生提供了一种更深入、更有意义的学习方式。通过亲身参与，学生不仅能够深刻理解体育技能的应用，还能够将抽象的理论知识转化为实际行动。这种教育方法不仅有助于学生更好地掌握体育知识，还提高了他们对技能的理解和记忆，为他们的体育发展和综合素质培养提供了坚实的基础。

（3）技能的实际运用

运动体验使学生能够在实践中掌握运动技能。他们有机会运用所学的技能参与比赛、锻炼或体育活动，从而提高他们的综合运动能力。这种实际运用有助于将理论知识转化为实际行动，将所学的技能应用到实际生活和体育活动中。

在体育教育中，学生不仅仅是为了理解技能而学习，而是为了能够在实践中应用这些技能。通过参与比赛、进行锻炼或参加各种体育活动，学生可以实际运用他们所学的技能，不断提高他们的运动能力。这种实际运用不仅有助于技能的巩固和进一步提高，还增强了学生对运动的信心。另外，将所学的技能应用到实际生活和体育活动中也具有重要的实际意义。学生不仅可以将健康和健身知识用于维护自己的身体健康，还可以在社交体育活动中运用团队合作和沟通技能。这种应用使学生更全面地理解运动的价值，并将体育知识与实际生活联系起来。

运动体验不仅有助于学生掌握运动技能，还能够将理论知识转化为实际行动，将所学的技能应用到实际生活和体育活动中。这种实际运用不仅提高了学生的综合运动能力，还增强了他们对体育的兴趣和信心，为他们的身体健康和综合素质的提升提供了有力的支持。

（4）日常生活中的应用

学生通过运动体验还能够将所学的技能应用到他们的日常生活和体育活动中。例如，他们可以运用健康和健身知识来维持健康的生活方式，或者在团队体育活动中运用团队合作和沟通技能。这种应用有助于学生将体育知识与实际生活联系起来，增强了学习的实际意义。

健康和健身知识是体育教育中的重要组成部分。通过运动体验，学生可以学习如何制定健康计划、控制体重、维持心血管健康等。这些知识不仅仅在体育领域有用，还可以直接应用到他们的日常生活中，帮助他们保持健康的生活方式。学生可以改善饮食习惯，制定适当的锻炼计划，并更好地理解自己的身体需求，从而改善生活质量。在团队体育活动中，学生需要与队友协作，沟通和解决问题。这些团队合作和沟通技能不仅在比赛中有用，还在日常生活中发挥着重要作用。学生可以将这些技能应用到学校、工作和社交圈中，提高他们的团队合作能力和人际关系技能。

这种将体育知识和技能应用到实际生活中的过程，使学生更深刻地理解了体育的实际意义。他们不仅仅是在教室里学习理论知识，还能够将这些知识转化为实际行动，改善他们的生活质量。这种实际应用增强了学习的实际意义，激发了学生对体育的兴趣和参与度，为他们未来的成功和健康生活打下了坚实的基础。

（5）身体素质和社交技能的培养

实际运动体验有助于培养学生的身体素质，包括身体协调能力、灵活性和耐力等。同时，通过团队体育活动，学生还能够培养团队合作、沟通和领导能力等社交技能，这些技能在体育活动和生活中都至关重要。

首先，实际运动体验有助于提高学生的身体素质。通过积极参与体育活动，学生可以改善身体协调能力，提高灵活性和耐力。他们学会掌握各种运动技能，如跑步、跳跃、投掷和接球，这些技能不仅在体育比赛中有用，还有助于保持健康的生活方式。学生的身体素质提高了，他们更能够积极参与各种体育活动。

其次，通过团队体育活动，学生还能够培养社交技能。在团队中，学生需要与队友协作，共同追求团队目标。这种合作精神培养了他们的团队合作能力，使他们能够有效地与他人沟通合作。此外，团队体育活动还促进了学生之间的沟通和互动，帮助他们更好地理解他人的需求和观点。这种沟通和互动有助于培养良好的人际关系技能，这不仅在体育领域有用，还在日常生活和职业中发挥着重要作用。

最后，团队体育活动还提供了培养领导能力的机会。学生有机会担任队长或团队的负责人，并学会在压力下做出决策、指导队友和解决问题。这些领导技能在体育比赛中至关重要，同时也在学生未来的职业生涯中具有重要作用。

3. 关注学生需求

基于现象学的体育教学中，教师不仅仅是知识的传授者，还是与学生共同探讨和塑造教育过程的合作者。这一教育理念强调教师与学生之间的互动，关注学生的需求和反馈，为教育过程赋予了更大的灵活性和个性化。

教师积极倾听学生的需求和期望。教师与学生建立互动，鼓励学生分享他们的想法和关注点。这有助于教师深入了解学生的兴趣、目标和期望，从而更好地定制教学内容和方法。例如，如果学生对某种体育活动表现出浓厚的兴趣，教师可以调整教学计划，将更多的资源和时间投入该活动中，以满足学生的需求。

教师通过积极倾听学生的反馈来改进教学。教师需要了解学生对教学内容和方法的看法，以及他们在学习过程中遇到的困难。这种反馈机制使教师能够及时调整课程，采取更适合学生的教学策略。例如，如果学生反映某个教学方法不够有效，教师可以尝试不同的方法，以提高学生的学习体验和成效。

教师与学生之间的互动不仅有助于提高教学的有效性，还有助于建立更紧密的师生关系。学生如果感受到他们的声音被听到和尊重，就会更愿意参与学习过程。这种合作和互动的氛围有助于创造积极的学习体验，激发学生的学习兴趣和动力，从而使学生认识到他们是自己学习过程的合作者。

基于现象学的体育教学强调了教师与学生之间的互动和合作，使教育过程更加灵活和有针对性。通过积极倾听学生的需求和反馈，教师能够更好地满足学生的学习需求，同时建立更紧密的师生关系，促进教育的成功和学生的全面发展。这种教育方法强调了学生主动参与的重要性，使他们成为自己学习过程的合作者。

4. 跨文化理解

基于现象学的体育教学理念强调对学生来自不同文化背景的多样性的尊重和反映。这种教育方法不仅仅局限于教授运动技能，而是积极介绍不同文化中的运动和体育活动，从而提供更全面的教学体验。关于跨文化理解在基于现象学的体育教学中的重要性主要有以下几个方面。

（1）培养跨文化意识

基于现象学的体育教学通过介绍不同文化中的体育运动和活动，为学生提供了一种深入了解和尊重其他文化的机会。学生开始认识到世界各地存在着多样的体育传统和文化背景，这种意识在多个方面产生了积极影响。

首先，这种教育方法有助于打破偏见和刻板印象。学生常常受到媒体和社会对其他文化的刻板印象的影响，容易陷入偏见的陷阱。然而，通过深入了解其他文化中的体育习惯，学生有机会真正了解其他文化，打破表面的偏见。他们可以看到其他文化中也有丰富多彩的体育传统，了解到不同文化的人们对体育运动同样具有热情和创造力。

其次，这种教育方法促进了跨文化交流和理解。学生在学习其他文化的体育活动时，可能会与来自不同文化背景的同学进行交流和讨论。这种互动有助于建立跨文化的桥梁，促进友好的跨文化关系的形成。学生可以分享他们对其他文化体育的认知，也可以从其他同学那里学到更多。这种交流不仅有助于体育领域，还有助于培养更广泛的跨文化沟通技能。

最后，这种意识有助于学生更好地融入经济全球化的社会。在现代世界，人们常常需要与来自不同文化背景的人合作和交往。通过了解和尊重其他文化的体育传统，学生将更自信、更能够适应国际环境。这有助于他们更广泛地参与国际体育交流、文化交流和合作项目。

基于现象学的体育教学通过引入跨文化理解的元素，有助于学生培养尊重和理解其他文化的意识，打破偏见，促进跨文化交流和友好关系，以及更好地融入经济全球化的社会。这种教育方法不仅对体育领域有益，还有助于培养经济全球化时代的学生。

（2）拓宽视野

学生通过学习不同文化中的体育活动，拓宽了视野，开阔了思维。这个过程中，他们能够欣赏到其他文化的独特之处，了解其他社会中体育在社会生活中的重要性，从而产生了一系列积极影响。

首先，学生开始认识到文化的多样性。他们了解到不同文化背景下，人们如何通过不同的体育活动来表达自己的身份、价值观和传统。这种认知有助于打破以往的狭隘观念，使学生更加尊重和欣赏不同文化之间的差异。他们逐渐明白，文化并不是非黑即白的，而是多彩多样的。

其次，学生开始理解体育在社会生活中的重要性。不同文化中的体育活动往往承载着深刻的社会意义，与社会、宗教、传统等因素紧密相连。通过学习这些体育活动，学生能够了解其他社会中的价值体系，以及体育在社会凝聚、娱乐和传承方面的作用。这有助于培养学生对体育和文化的深刻理解。

最后，这个过程有助于培养开放的思维和全球视野。学生开始意识到世界是多元的，文化的交流和融合是不可避免的。这种开放的思维方式使他们更具包容性，更容易融入多元文化社会，也为他们未来的职业生涯和国际交往奠定了坚实的基础。

学生通过学习不同文化中的体育活动，不仅拓宽了视野，也培养了尊重、理解和开放的思维。这种国际化的视野对于他们的个人成长和未来的社会互动都具有深远的影响。这正是基于现象学的体育教学强调的跨文化理解的重要性所在。

（3）促进文化多元共存

体育教育中的跨文化理解不仅有助于学生个人的成长，还有助于促进文化的多元共存。通过学习其他文化中的体育活动，学生逐渐培养了尊重不同文化的运动习惯、价值观和传统的意识。这种尊重成为创造包容和多元的学习环境的基础，同时也会在体育场上产生积极的影响。

学生学会了尊重不同文化中的运动习惯。他们明白，不同文化对体育的理解和实践方式可能截然不同，但都有其独特之处和合理性。这种尊重不仅体现在言行举止上，还反映在学生的思考和态度中。他们开始从不同的角度看待体育，更愿意接受多样性，不再对其他文化的运动方式持有偏见。

学生学会尊重不同文化中的体育价值观和传统。他们了解到，体育不仅仅是一种身体活动，还承载着文化、历史和社会的重要价值。这种认识使学生更加珍惜和尊重其他文化的体育传统，同时也有助于他们对自己文化中的体育价值观进行反思和理解。这种尊重不仅在体育领域有益，也在学校和社会的各个领域都具有重要意义。这种跨文化理解有助于学生在体育场上更好地与来自不同文化背景的同学合作和交流。学生之间不再因文化差异而产生隔阂或误解，而是更愿意合作、分享和学习。这种合作有助于团队更加协调和有效地运作，同时也为学生提供了宝贵的社交经验，培养了跨文化交流的能力。

体育教育中的跨文化理解是培养尊重、包容和多元的学习环境的关键。学生通过学习其他文化中的体育活动，逐渐培养了尊重不同文化的运动习惯、价值观和传统的意识，这对于促进文化的多元共存具有积极的作用。这也使学生更好地融入多元文化的社会，为未来的国际互动打下坚实的基础。

（4）跨文化交流能力

通过了解其他文化中的体育活动，学生不仅仅能够增加知识，还能够培养跨文化交流和沟通的能力，这对于今后的职业和社交互动都具有重要意义，特别是在经济全球化时代，人们需要能够与不同文化背景的人合作和交流。

首先，了解其他文化中的体育活动有助于培养跨文化交流的能力。学生通过学习其他文化的体育习惯和传统，逐渐明白不同文化之间的差异和相似之处。这种认识使他们更具包容性，更愿意与来自不同文化背景的人建立联系。他们能够更好地理解和尊重其他文化的观点和方式，这是成功的跨文化交流的基础。

其次，通过体育教育中的跨文化学习，学生能够提高跨文化沟通的技能。他们不仅了解了其他文化的体育活动，还学会了如何有效地与来自不同文化背景的人交流和合作。这包括了解不同文化中的沟通方式、表达习惯和社交规则。这些技能在职业生涯中特别重要，尤其是在国际企业、跨文化团队和全球市场中。

最后，跨文化学习还有助于培养开放和国际化的思维方式。学生逐渐意识到世界是多元的，文化的交流和融合是不可避免的。这种开放的思维方式使他们更容易适应多元文化的社会环境，更愿意参与国际互动。这对于在经济全球化时代取得成功至关重要，无论是在国际商务、国际合作还是国际社交中。

通过了解其他文化中的体育活动，学生在知识和技能方面得到了丰富的经验，同时也培养了跨文化交流和沟通的能力。这对于他们的职业和社交互动都具有重要意义，为他们未来的成功和成长提供了有力的支持。这正是基于现象学的体育教育所强调的跨文化理解的重要性，它为培养学生的综合素养和经济全球化时代的竞争力奠定了坚实的基础。

（5）国际体育交流与合作

学生通过跨文化理解，为参与国际体育交流与合作做好了充分的准备。他们不仅能够更好地理解其他国家和地区的体育文化，还能够更自信地参与国际性的体育活动和项目。跨文化理解使学生更具国际视野，他们能够更全面地了解其他国家和地区的体育传统、价值观和习惯。这种国际视野有助于他们更好地融入国际体育社区，理解不同国家和地区在体育领域的角色和贡献。跨文化理解培养了学生的跨文化沟通和合作能力。他们学会了如何与来自不同文化背景的运动员、教练和观众合作和交流。这对于参与国际性的体育赛事和项目至关重要，因为这些活动通常涉及来自不同国家的人员。跨文化理解增强了学生的自信心。他们通过了解其他文化的体育习惯和传统，逐渐变得更加自信地参与国际性的体育活动。这种自信心对于在国际舞台上表现出色和取得成功至关重要。

（二）体育教学回归学生生活世界的途径

体育教学可以通过多种途径回归学生的生活世界。

1. 引入具体的生活案例和情境

引入具体的生活案例和情境是一种富有启发性的教学策略，它有助于学生更深入地理解体育知识，将抽象的概念与实际生活联系起来。以下是一些详细的方法和例子，说明如何在体育教学中引入具体的生活案例和情境。

（1）健康和健身的案例

健康和健身的案例可以成为激发学生兴趣的强大教育工具。教师可以通过引入真实的生活案例，如成功减重的案例或长寿的例子，来启发学生思考与健康相关的问题。这些案例不是抽象的理论，而是生动的实例，可以让学生直观地看到健康生活和体育锻炼的关联。

举个例子，教师可以分享一个成功减重的案例，描述一个人如何通过坚持有规律的锻炼和健康饮食，逐渐减掉多余的体重，改善了生活质量。学生可以从这个案例描述的个人经历和挑战中了解到健康生活方式对其生活产生的积极影响。这样的案例能够引发学生的共鸣，让他们认识到健康生活方式的重要性，并激发他们开始思考如何在自己的生活中实践健康。同样地，教师还可以介绍一个长寿的例子，展示一个健康生活方式如何有助于延长寿命和提高生活质量的案例。通过这个案例，学生可以了解到长期坚持锻炼和保持健康的饮食习惯对于身体健康的积极影响。他们可以看到一个长寿者的生活状态，包括活力充沛、精神焕发和充实的生活，这些都是健康生活方式的结果。这种案例激发了学生对于健康和健身的兴趣，让他们开始思考如何在自己的生活中采取类似的健康措施。

引入健康和健身的真实生活案例可以让学生更深刻地理解健康与体育锻炼的关系。这些案例不仅提供了实际的例证，还能够激发学生对健康的兴趣，让他们认识到健康生活方式的重要性，并鼓励他们在自己的生活中采取积极的健康行动。这种教育方法有助于培养学生的健康意识，促进他们维护身体健康的积极行为。

（2）引入运动策略的案例

当教师讲解运动策略时，可以引入实际体育比赛的情境，这种方法可以让学生更深刻地理解策略和战术的关键性。以篮球为例，教师可以选择一场精彩的比赛来分析，强调比赛中球队如何运用策略来制定进攻计划、传球和得分。学生通过观看比赛片段，可以看到球员是如何在赛场上实际应用这些策略的，以及这些策略是如何影响比赛结果的。通过深入分析，学生能够更好地理解策略和战术在比赛中的实际应用，从而提高他们的战术意识和理解能力。

同样地，足球比赛也可以作为理解防守战术的好例子。教师可以选择一场激烈的足球比赛，让学生重点关注防守方面的战术。学生可以观察球队如何协作来保护自己的球门，如何组织防守阵型，以及如何在比赛中应对对方进攻。通过观看比赛，学生可以更深入地理解防守战术的重要性以及如何在比赛中应用这些策略来取得胜利。

这种教学方法不仅提供了实际案例来说明策略和战术的重要性，还让学生能够将理论知识与实际比赛联系起来。通过观察和分析实际比赛中的情境，学生可以更好地理解策略的复杂性和实际应用方式。这有助于培养他们的战术思维和比赛决策能力，提高他们在体育比赛中的表现。这种引入实际案例分析的教学方法可以使学生更深入地了解运动策略和战术，激发他们对策略性思维的兴趣。

（3）体育与社会问题的关系

在体育教育中，教师可以采用引入真实社会案例的方法，来探讨体育与社会问题之间的关系。这种教学方法不仅有助于学生更深刻地理解体育的社会影响，还能够激发他们对社会问题的关注和思考。

例如，教师可以引入一个关于体育和性别平等的案例，让学生了解到体育领域中的性别不平等问题。通过分析这个案例，学生可以看到女性运动员争取平等待遇和机会的努力，以及如何改变社会对女性在体育中的看法。这可以引发学生对性别刻板印象和歧视的思考，并激发他们关于性别平等的讨论和行动。教师还可以引入一个关于体育和包容性的案例。通过介绍包容性体育项目，如特殊奥林匹克运动会，学生可以了解到如何通过体育为身体上有一定障碍的人提供平等参与的机会。这个案例可以让学生认识到体育如何消除社会中的歧视和排斥，促进社会的包容性和多元化。教师还可以讨论体育与身体健康的关系，引入案例说明积极参与体育活动如何改善身体和心理健康。学生可以通过这些案例了解到体育不仅仅是一种娱乐活动，还有助于改善社会的整体健康水平。

通过引入这些真实的社会案例，学生可以更全面地理解体育的社会价值和影响。这种教学方法不仅能够教授体育知识，还有助于培养学生的社会意识和批判性思维，使他们成为关注社会问题的积极公民。

这些方法使学生能够将体育知识直接与他们的生活经验联系起来，从而增强他们的学习兴趣和对体育的理解。通过在教学中引入具体的生活案例和情境，教师可以帮助学生将抽象的理论知识转化为实际行动，培养他们的实际运用能力，同时也增强了教学的实际意义和吸引力。

2．鼓励学生分享体育经历和体验

教师积极鼓励学生分享他们的体育经历和体验，这在体育教育中具有重要意义。这一教学方法不仅有助于学生的个人成长，还丰富了整个教育过程。

通过分享体育经历，学生之间可以建立更紧密的联系和关系。在一个支持和鼓励分享的教育环境中，学生感到自己的声音被听到和尊重。这有助于建立积极的学习氛围，让学生更愿意参与课堂讨论和活动。他们感受到自己是教室社区的一部分，这种归属感增强了他们的自信心。

学生通过分享体育经历可以互相学习。每个学生都有独特的体育经历，都面临过不同的挑战和取得过不同的成就。通过倾听他人的经历，学生可以获得新的观点和见解。他们可以从他人的成功和失败中汲取教训，为自己的体育活动提供新的思路和方法。这种知识的交流和分享丰富了教育过程，使学习更加多元化和有趣。分享体育经历也有助于学生在体育活动中获得更多的反思和教训。当学生将自己的经历分享给他人时，他们会不自觉地对自己的经验进行反思。他们会思考自己的成就和挑战，以及如何改进和成长。这种反思有助于学生在体育活动中不断提高，培养自我管理和自我改进的能力。

通过分享体育经历，学生更全面地理解了体育的意义。他们不仅仅是在课堂上学习理论知识，还能够通过他人的实际经历和故事，深刻地理解体育在生活中的重要性和影响。他们能够看到体育活动如何影响身体健康、社交关系、团队合作等方面，从而更加珍惜和重视体育的重要性。

鼓励学生分享体育经历和体验是一种有益的教育方法。它有助于建立联系、促进学习、互相启发、提供反思和理解体育的意义。这种方法不仅有助于学生的个人成长，还丰富了整个教育过程，为他们的未来发展打下坚实的基础。

3．关注学生的个人兴趣和需求

基于现象学的体育教学中，关注学生的个人兴趣和需求是一项关键要素。这一方法注重了学生的独特性，以及如何根据每个学生的需求来塑造教育体验。

了解学生是关注他们的个人兴趣和需求的第一步。教师可以与学生进行密切的交流，倾听他们的想法和意见，以便更好地了解他们的体育爱好和目标。观察学生在不同体育活动中的表现也是了解他们需求的一种方式。这种细致入微的观察可以帮助教师发现学生的特长和潜力。

个性化的教学是关注学生需求的核心。一旦教师了解了学生的兴趣和需求，他们可以根据这些信息来调整教学方法和内容。这意味着为每个学生提供独特的学习体验，使他们能够在自己感兴趣的领域取得更好的成绩。例如，如果一名学生对篮球有浓厚的兴趣，教师可以为他提供更多关于篮球技巧和战术的教育内容，从而满足他的需求。

提供多样性的选择也是关注学生需求的一部分。教师可以为学生提供各种不同的体育项目，让他们有机会尝试不同的活动。这不仅有助于学生发展多样的体育技能，还可以帮助他们发现新的兴趣爱好，激发他们的学习兴趣。

关注学生需求可以提高他们的学习动力。当学生感到他们的兴趣和需求得到尊重和满足时，他们更有动力全身心投入学习和体育活动中。这有助于提高他们的学习效果和体育素质，使他们能够更好地发挥自己的潜力。

关注学生的个人兴趣和需求是基于现象学的体育教学中的一项重要原则。通过这种方法，教师可以创造一个支持和鼓励学生充分发展的环境，帮助他们发现自身的潜力，提高他们的学习效果和体育素质。这种教育方法追求个性化的学习体验，使每个学生都能够在体育领域实现自己的目标。

4. 将体育教育融入综合课程

将体育教育融入综合课程是一种创新的教学方法，旨在将不同学科与体育知识相互关联，以提供更全面的学习体验。这种方法的好处在于可以丰富学生的学习经历，拓展他们的知识领域，同时增强他们的综合素质。

（1）数学与体育的融合

教师可以利用体育数据来教授数学概念，如统计、百分比和平均数。学生可以通过分析比赛数据，计算运动员的得分、比赛胜率、射门准确率等来学习这些概念。例如，他们可以计算篮球运动员的命中率或者足球比赛中球队的进球平均数。通过这些实际的运动数据，学生将数学知识与体育场上的实际情况联系起来，使数学变得更具实际意义。这种数学与体育的融合不仅有助于学生理解数学概念，还可以激发他们对数学的兴趣。学生可以看到数学在体育中的实际应用，从而认识到数学并不是一种抽象的学科，而是与日常生活和体育运动密切相关的。这种联系使数学变得更加有趣和有意义，使学生更愿意投入数学学习中，提高他们的数学素养。

通过分析体育数据，学生还可以培养数据分析和解决问题的能力。他们可以提出自己的问题，收集相关数据，分析数据并得出结论。这种数据驱动的学习方法有助于培养学生的批判性思维和问题解决能力，这些技能在数学以及其他学科中都是非常有价值的。

将数学与体育数据相结合是一种创新的教学方法，有助于提高学生对数学的兴趣和理解。这种方法不仅使数学变得更具实际意义，还培养了学生的数据分析和问题解决能力，为他们的综合素质发展提供了有力支持。

（2）历史与体育的融合

通过研究不同时期的体育历史，学生可以获得有关体育在不同文化和社会背景下的演变的深刻了解。教师可以结合历史事件讲述体育发展历程，以便学生更好地理解历史与体育之间的联系。这种综合教育不仅能够加深学生对历史的理解，还有助于培养他们对体育历史的浓厚兴趣。

教师可以选择特定的历史事件或时期，如古代奥林匹克运动会、古罗马时期的体育活动或现代奥林匹克运动会，以及这些事件对当时社会和文化的影响。通过将这些历史事件与体育相关联，学生可以更深入地了解历史背景中体育的角色和重要性。教师可以引导学生探讨历史与体育之间的相互影响。例如，学生可以研究古代奥林匹克运动会如何反映了古希腊文化的价值观和竞争精神，或者 20 世纪奥林匹克运动会如何受到国际政治关系的影响。这样的讨论有助于学生更好地理解历史与体育之间的紧密联系。学生可以了解各个文化中的传统体育项目，以及这些项目在文化和社会中的地位和影响。通过比较不同文化和社会背景下的体育发展情况，学生能够更全面地理解体育的多样性和文化的差异。

这种综合教育方法有助于培养学生对体育历史的兴趣。学生不再仅仅将体育看作一种体育活动，而是一门充满历史故事和文化内涵的学科。他们将更加主动地学习体育历史知识，深入研究不同时期的体育发展情况，从而增强了对历史与体育之间关系的理解和热情。

将历史与体育相结合的综合教育方法不仅能够丰富学生的知识，还有助于加深他们对历史的理解，同时激发了他们对体育历史的浓厚兴趣。这种教育方法通过将学科交叉融合，为学生提供了更丰富的学习体验，帮助他们更好地理解体育在不同历史和文化背景下的演变。

（3）科学与体育的融合

学生可以学习有关运动生理学、运动心理学和运动营养学等领域的知识，以了解运动对身体的影响。这种综合教育方法不仅可以帮助学生获得科学的基础知识，还能够让他们直观地体验到运动对生理和心理机制产生的影响。

学生可以学习运动生理学，了解身体在运动过程中发生的生理变化。他们可以学习有关心血管系统、呼吸系统和肌肉骨骼系统的知识，以及这些系统在运动中的作用。通过实际的运动体验，学生可以感受到心率的变化、呼吸的加深和肌肉的活动，从而更深入地理解身体在运动中的反应。运动心理学也是一个重要的学科领域，学生可以了解有关运动员的心理状态、自我调节和压力管理等内容。他们可以通过实际的体育活动，体验到自己的情绪，进而学会如何处理这些情绪。运动不仅仅是身体的锻炼，还涉及心理素质的培养，这对于学生的综合发展至关重要。

学生还可以学习运动营养学，了解饮食对运动表现的影响。他们可以学习饮食均衡、能量补充和营养需求等方面的知识，以便在运动中获得最佳表现和康复。通过将科学原理与实际运动结合，学生可以更好地理解饮食与运动之间的关系，以及如何通过合理的饮食来提高运动表现。

这种综合教育方法不仅能够丰富学生的知识，还能够使他们更好地理解运动的生理和心理机制。学生通过亲身参与运动和学习相关科学知识，能够将抽象的理论转化为实际行动，并更好地应用于自己的运动生活中。这样的教育方法有助于培养学生的科学素养和运动技能，为他们的健康和综合素质发展打下坚实的基础。

综合课程的优势在于它能够培养学生的跨学科思维能力，帮助他们将不同学科的知识联系起来，形成更全面的视野。这种教育方法还可以使学习更加生动有趣，激发学生的学习兴趣。通过将体育教育融入综合课程，教师可以创造一个更具启发性和创造性的学习环境，为学生的学业和职业发展奠定坚实的基础。

三、体育教育中交互主体性的师生关系

在传统的体育教育中，教师单向传授知识和技能给学生，教师被视为权威，拥有专业知识，而学生则被动地接受这些知识。然而，在现象学视角下，体育教育中的师生关系发生了显著的转变，具体表现如下：

（一）互动与共创

在现象学视角下，体育教育中的师生关系的变化主要体现在互动与共创方面。这一转变对体育教育产生了深远的影响，教师不再仅仅是知识的传递者，而是与学生共同参与知识的建构。教师与学生之间的关系更加平等，他们共同合作，通过互动来探讨体育知识。教师鼓励学生提出问题、分享观点，并一起思考和解决问题。这种共同建构知识的过程有助于深化学生对体育知识的理解，并培养了他

们的批判性思维能力。学生的积极参与和互动被强调。学生不再被动地接受教师的知识，而是被鼓励成为知识建构的主体。他们提出问题、分享自己的体育经验和见解，参与到课堂讨论和活动中。这种积极的参与有助于学生更深入地理解体育知识，并激发了他们的学习兴趣。教师与学生之间建立了更为紧密的互动关系。教师不仅是知识的传授者，还是学生的导师和合作伙伴。他们积极倾听学生的声音和需求，根据学生的兴趣和水平调整教学内容和方法。这种个性化的教育方式有助于满足学生的学习需求，提高了教学的质量。

现象学视角下的体育教育强调了互动与共创的师生关系，使教学更具活力和参与性。师生之间的互动和合作促进了学生的全面发展，使他们在体育教育中取得更多的成就。

（二）主动学习与批判性思维

在现象学视角下，体育教育强调主动学习与批判性思维的重要性。这一理念的核心在于激励学生成为积极参与教育过程的主体，而不仅仅是被动接受信息的客体。

首先，学生被鼓励主动进行思考。他们不再仅仅是被动接受教师传授的知识，而是被鼓励主动进行思考并提出问题。教师创建了一个鼓励学生思考的学习环境，鼓励他们独立思考和探索。这有助于学生培养批判性思维，学会质疑和分析信息，而不是盲目接受。其次，学生被鼓励提出问题和质疑。教师鼓励学生主动提出问题，追求答案，并质疑现有的观点和理论。这种批判性思维的培养有助于学生不断深化对体育知识的理解，并促使他们更深入地思考体育现象的复杂性，使他们成为能够独立思考、提出问题、质疑并参与知识建构的学习者。

（三）平等与尊重

在现象学视角下，体育教育注重平等与尊重的师生关系。这一理念带来了教育过程中的重要变革，以下是平等与尊重的主要特点。

教师与学生之间的关系更加平等。在传统教育模式中，教师往往被视为绝对的权威，而学生则被视为被动接受知识的对象。然而，现象学视角下的体育教育中，教师与学生建立了更为平等的关系。教师不再垄断知识，而是与学生一起探讨和建构知识。这种平等关系有助于消除师生之间的隔阂，使学生更愿意参与和分享。

教师倾听学生的声音。他们重视学生的观点、意见和反馈，将学生视为合作伙伴而非被告知者。这种倾听有助于更好地了解学生的需求和兴趣，从而调整教学方法和内容，以更好地满足学生的需求。学生感受到他们的声音被听到和尊重，从而更有动力参与学习过程。

师生关系更为互信。教师不再仅仅强调自己的权威，而是与学生建立了互信的基础。这种信任关系使学生更加放松，愿意分享他们的看法和疑虑。教师也更加愿意支持学生的自主学习和发展，而不是简单地传授知识。

现象学视角下的体育教育强调了平等与尊重的师生关系。这种关系的建立有助于创造积极的学习环境，使学生更有动力参与教育过程，同时也促进了师生之间的互信和合作。这种师生关系的变化对于学生的学习和个人发展具有积极影响。

（四）共同建构知识

在现象学视角下，师生关系的变化对于知识的共同建构产生了深远的影响。这一理念将教育从传统的知识传递模式转变为一种更加富有创造性和动态性的过程，以下是共同建构知识的主要特点。

首先，知识不再被消极传递。现象学视角下的体育教育中，教师不再单方面传递知识，而是与学生一起共同建构知识。这意味着知识不再是静态的、固定的实体，而是处于一种动态的、不断演化的过程。

其次，学生被激励成为知识的创造者。他们被鼓励提出问题、分享观点、质疑和探索，从而积极参与知识的建构。这种积极参与有助于培养学生的批判性思维和问题解决能力。学生不再仅仅是知识的被动接受者，而是能够主动建构知识的创造者。

最后，知识更贴近学生的需求和兴趣。教师与学生共同建构知识，使教育过程更具灵活性，能够更好地满足学生的实际需求。教师可以根据学生的反馈调整教学内容和方法，使知识更加贴近学生的生活和学习体验。

师生关系的转变带来知识的共同建构，使教育过程更具活力和创造性。这种共同建构知识的模式强调了学生的主动参与和批判性思维，有助于培养他们的终身学习能力和问题解决能力，也使得知识更贴近学生的实际需求和兴趣，为他们提供了更有意义的学习体验。

（五）自主性和深化理解

现象学视角下的体育教育中，学生的自主性和深化理解是教育过程中的主要关注点。

现象学视角下的体育教育强调学生的主动参与和自主性。学生不再是消极接受知识的对象，而是能够自主进行探索和学习的主体。他们被鼓励提出问题、分享观点、参与讨论，以满足自己的学习需求。这种自主性使学生能够更深入地参与教育过程，根据自己的兴趣和目标来探索学习路径。

由于学生参与了知识的建构过程，他们更有机会深化理解所学的知识。通过积极的参与和互动，学生能够探究知识的不同层面和维度。他们能够提出深层次的问题，进行批判性思考，进而更好地理解知识的本质和应用。这种深化理解远远超出了传统教学方法所能达到的水平，使学生能够真正掌握和运用所学的内容。学生可以将所学的知识与自己的生活经验和兴趣联系起来，从而更好地理解知识的实际意义。这种有意义的学习体验激发了学生的学习动力，使他们更乐意投入学习过程中。

强调学生的自主性和深化理解的体育教育理念使学生能够更主动地参与知识的建构，深入理解所学的内容，同时使学习更有意义，有助于学生在教育过程中实现更大的成长和发展。

（六）合作与协作

在交互主体性的师生关系中，合作与协作的重要性不言而喻。这一关系的核心在于学生和教师共同参与知识的建构和探索过程。教师鼓励学生积极地参与，与同学一起合作，共同解决问题和完成任务。这种协同合作不仅仅是教育过程的一部分，也是培养学生团队合作、协调和沟通技能的关键途径。通过合作，学生得以更深入地理解体育知识。他们在团队中分享观点、交流想法，通过集体智慧共同探索知识的不同层面。合作也有助于营造积极的学习氛围。互动和合作激发了学生的学习兴趣和动力，使他们更愿意参与教育过程。交互主体性的师生关系强调合作与协作，这不仅丰富了教育过程，还培养了学生的团队合作、协调和沟通能力。这些能力在学生的整个学术生涯和职业生涯中都具有重要价值，有助于他们更全面地理解和应用所学的知识。

（七）开放的沟通渠道

交互主体性的师生关系建立在开放的沟通渠道之上，这一点至关重要。在这种关系中，教师积极倾听学生的声音，鼓励他们提出问题、分享观点和意见。学生能够感受到他们的声音在教育过程中受到尊重和重视。这种开放的沟通渠道不仅仅是教育过程的一部分，更是建立互信关系的关键要素。教师用心倾听和尊重学生的想法可以促进学生更积极地参与教育过程。学生觉察到自己的意见和问题受到关注，从而更愿意分享自己的看法和疑虑。这种双向的沟通有助于深入的讨论和思考，促进了知识的共同建构。开放的沟通渠道还有助于解决学生的疑虑和困难。学生可以与教师分享遇到的问题，教师则可以根据学生的需求提供更多的支持和指导。

现象学视角下对高校体育教育的本真理解涉及面向运动技术价值的事实本身、回归学生的生活世界以及交互主体性的师生关系。这些观点有助于丰富和拓展高校体育教育的理论和实践，使之更加符合学生的需求和现实情境。通过现象学的视角，我们可以更好地理解和改进体育教学方式，提高教育质量。

第五章　现象学视角下中国高校体育教育本真塑造的实践路径

本章主要内容为现象学视角下中国高校体育教育本真塑造的实践路径，分为四个小节。第一节为从主客体到主体间：生成“身体主体”的具身性教学理念。第二节为从间隔化到融合式：开启“身体思维”的具身性教学方式。第三节为从独白式到对话式：推行“身体间性”的具身性教学方法。第四节为从定制型到生成性：创造“身体生成”的具身性教学成果。

第一节　从主客体到主体间：生成“身体主体”的具身性教学理念

在中国高校体育教育的实践中，现象学的视角提供了一种重要的理念，即将传统的主客体教育模式转变为更加具身性的教学方式。传统的主客体教学模式在高校体育教育中占据主导地位，教师被视为知识的传授者，学生被动接受知识。这种模式虽然在一定程度上有效，但存在一些局限性，如学生的被动学习、知识难以应用到实践中等。为了更好地培养学生的体育素养和综合能力，现象学视角下的主体间教学模式应运而生。这一模式强调教师和学生共同参与知识的建构和互动，使学生成为“身体主体”，能够更深入地理解体育知识。

一、从主客体到主体间的理论基础

（一）现象学视角

现象学是一门关注个体和经验的哲学分支，强调个体的主观经验和意义构建。在现象学视角下，教育不仅仅是知识的传递，还涉及个体的主体性和活动性。教育过程应该是一个共同构建知识的过程，教师和学生都是教育中的主体，共同参与知识的建构和互动。这一视角强调个体的经验和意义构建，强调学习的过程而不仅仅是结果。

1. 个体的主观经验

现象学的核心概念之一是个体的主观经验，这一观点强调每个人的世界观都是通过自己的感知、情感和思维来构建的。这种理念在教育领域具有深远的影响，因为它意味着教育过程必须考虑到每个学生的独特体验和个人理解。在这种观点下，教育不再是简单地传递标准化的知识，而是要关注学生如何根据自己的视角和经验理解和吸收这些知识。这使得教育成为一种更为个性化和深入的过程，学生的个人经验、背景和思维方式成为学习过程中不可或缺的一部分。因此，在现象学视角下，教师的角色也从知识的传递者转变为引导者和协助者，他们帮助学生探索自己的内在世界和理解方式，从而使学习成为一种更加深刻和富有成效的体验。

2. 教育的主体性和活动性

在现象学视角下，教育被重新定义为一种充满活力和主体性的过程，而不仅仅是简单的知识传递。这种观点强调教育应当是教师和学生共同参与、共同努力的过程。在这个过程中，教师和学生不再是传统意义上的知识传递者和接受者，而是知识探索的伙伴。他们一起探讨问题，一起寻找答案，一起构建知识体系。教师在这一过程中充当的角色是引导者、协助者和启发者，而学生则被鼓励主动提问、探索和参与，从而使得学习过程变得更加生动、互动和个性化。通过这样的方式，教育不再是单向的灌输，而是一个双向的、动态的、充满创造性的过程，使学生能够更深刻地理解知识，并将其应用于实际生活中。这种方法强调学习的过程和体验，而非仅仅关注结果，从而更好地培养学生的批判性思维和创新能力。

3. 共同构建知识

在现代教育理念中，共同构建知识的概念变得越来越重要。它将教育看作一个动态的互动过程，教师和学生共同参与到知识的建构中。在这个过程中，学生不仅被鼓励接受知识，更重要的是被鼓励表达自己的观点、提出问题和参与批判性思维活动。这种互动促使学生深入思考所学内容，并将其与自己的经验、知识和理解联系起来。同时，教师不再是权威的知识源，而是变成了一个引导者和协调者，帮助学生探索多样的观点和理解深层次的概念。这种共同构建知识的过程不仅使学习变得更加生动和有意义，而且还培养了学生的批判性思维和创新能力，这对于他们未来的学术和职业生涯都是至关重要的。通过这种方式，教育变成了一种双向的、参与式的过程，其中每个人的贡献都被重视，构建了真正的学习共同体。

4. 学习过程的重视

现象学在教育领域的一个关键贡献是对学习过程的重视，而非单纯关注学习的最终结果。这种观点强调，学生通过积极参与和深刻体验学习过程，能够更全面地理解和内化知识。这种学习模式鼓励学生不仅仅是被动接受知识，而是通过体验、实践操作、参与讨论和反思批判，使得学习过程变得更加丰富和有意义。在这个过程中，学生被鼓励探索、质疑和形成自己的理解，而教师则起到引导和支持的作用。这样的学习模式使学生能够更深入地掌握知识，而且更重要的是，它培养了学生的批判性思维能力、问题解决能力和终身学习的习惯。通过这样的学习方式，学生不仅仅学到了特定的知识点，更重要的是学会了如何学习、如何思考和如何应用知识解决实际问题，这对他们的个人成长和未来的职业生涯都具有重要的影响。现象学在教育中的应用强调了学习过程的价值，认为通过这种过程，学生能够获得更深刻、更持久的知识学习效果。

5. 教学方法的转变

在现象学的影响下，教学方法产生了显著的转变，趋向于更加以学生为中心。在这种教学模式中，教师的任务是创造一个支持性的学习环境，鼓励学生积极探索、批判性地思考和深入理解课程内容。这种方法强调教师与学生之间的互动，鼓励学生表达自己的看法，对知识提出质疑，并主动参与学习过程。

在以学生为中心的课堂上，学生的主动性和参与度显著提高。教师通过提问、讨论和合作学习等方法激发学生的思考，而不是简单地讲授知识。学生被鼓励基于自己的经验和理解来解释和应用知识，这种方式不仅增强了他们对知识的理解，还培养了他们的独立思考和解决问题的能力。此外，这种教学方法还促进了学生之间的合作和交流，帮助他们学会从多种视角看待问题，提高团队合作和沟通能力。

在现象学的影响下，教学方法的转变为学生提供了一个知识更加丰富和互动性更强的学习环境。这种环境不仅有助于知识的传授，更重要的是促进了学生的全面发展，为他们未来的学术和职业生涯打下了坚实的基础。

6. 对教育实践的影响

现象学对教育实践的影响主要体现在它改变了教师对学生个体差异的看法和处理方式。在现象学的指导下，教育不再是一个一刀切的过程，而是变得更加关注每个学生的独特性。这种方法鼓励教师深入了解每个学生的个人背景、经历和价值观，以便更有效地支持他们的学习和个人发展。

在这种教育模式中，教师会更加注重学生的个人兴趣、学习风格和情感需求。这意味着教学不再只是围绕着固定的课程内容进行，而是要根据学生的特点和需求进行适应和调整。例如，教师可能会使用不同的教学方法和资源来满足不同学生的学习需求，或者设计更加灵活的课程，让学生根据自己的兴趣和速度进行学习。这种以学生为中心的教育实践还强调了教师与学生之间的互动和沟通。教师被鼓励倾听学生的声音，理解他们的观点和感受，并在教学兼顾这些因素。这种方法不仅有助于建立更加积极的学习环境，还能提升学生的参与度和学习动力。

现象学对教育实践的影响使得教育过程变得更加个性化和人性化。它促使教育者关注每个学生的全面发展，不仅仅是学术成就，还包括情感、社交和心理健康的发展。通过这种方式，教育不仅传授知识，更重要的是促进学生作为一个独立个体的成长和发展。

（二）具身性教育理念

具身性教育理念是一种将身体经验视为学习核心的教育方法。它突破了传统教育中过分侧重智力和理论学习的局限，转而强调身体在知识获取和意义构建中的重要作用。

1. 身体经验的重要性

在具身性教育中，身体经验的重要性得到了特别的强调，这一理念认为身体不仅仅是感知和运动的工具，而且在学习和理解过程中扮演着至关重要的角色。身体经验被看作与认知和情感经验同等重要的学习途径，使得学习过程变得更加全面和深入。通过身体的互动和活动，如运动、手工制作或者身体语言的运用，学生能够更直观和具体地理解那些抽象的概念和复杂的信息。

这种对身体经验的重视改变了传统的以理论和书面知识为中心的教学模式，转而更多地关注如何通过身体感知和动作来促进学习。例如，在学习科学概念时，通过实验和实际操作，学生不仅能够看到理论在现实中的应用，而且能够通过体验来深刻理解这些概念。在语言学习中，通过角色扮演和戏剧表演，学生能够更自然地吸收语言知识，并在实践中加强记忆。身体经验在教育中的应用还有助于学生建立起对学习内容的深刻联结，这种联结超越了纯粹的智力理解，触及情感和身体感知的层面。这种全方位的学习方式不仅加深了学生对知识的理解，而且有助于培养他们的多元智能，从而促进了学生的全面发展。因此，具身性教育中的身体经验不仅丰富了学习过程，还提高了学习效果，使学生能够以更加积极和全面的方式参与到学习中。

2．教育实践中的应用

在具身性教育实践中，教学方法得到了重大创新，特别是通过引入各种身体活动来丰富教学内容和提高学生的学习效果。教师被鼓励设计和实施包含丰富身体活动的课程，以促进学生通过身体经验来学习和掌握知识。这些活动包括但不限于手工制作、实地考察、体育运动以及利用舞蹈和戏剧来表达和探索学术概念。通过这些多样化的学习方式，学生不仅能够更加深刻地记忆和理解学习内容，还能在实践中培养创造力和解决问题的能力。

例如，在科学课上，学生可以通过实验来直接观察和了解科学原理，这种体验使得抽象的科学概念变得更加具体和易于理解。在艺术课程中，通过绘画、雕塑或其他艺术创作活动，学生能够将他们对世界的理解转化为具体的视觉表现，从而加深对艺术概念的理解。在语言课上，通过角色扮演或戏剧表演，学生可以在实际的对话和表达中练习和应用新学的语言，这种方法不仅提高了语言技能，还增强了学生的沟通和表达能力。

具身性教育还重视学生身体运动和户外活动的重要性。通过室内外体育运动教学，学生不仅能够提高身体素质，还能在活动中培养团队合作和领导能力。这些经历对学生的个人成长和社交技能的发展都有积极影响。

具身性教育实践中的这些方法不仅使学习变得更加生动和有趣，而且有效地连接了身体经验和知识学习，使学生能够在全面参与和体验的过程中更好地吸收和理解知识。通过这种多元化和互动性的学习方式，学生的创造力、批判性思维和解决问题的能力得到了显著提升。

3．学习效果的提升

通过身体活动进行学习是具身性教育的重要内容，这种方法极大地提升了学习效果。当学生通过身体参与和互动进行学习时，他们不仅能够更深入地理解知识，而且能更好地记住所学内容。身体参与的过程帮助学生将抽象的概念转化为具体的经验，使学习内容更易于内化。例如，在进行科学实验时，学生通过亲手操作和观察实验结果，可以更深刻地理解科学原理，而不是仅仅通过阅读或听讲来学习。

身体活动在学习过程中的应用也极大地提高了学生的兴趣和参与度。学生在参与各种手工活动、运动和艺术创作活动时，通常会展现出较高的热情和兴趣。

这种积极参与不仅使学习过程更加有趣，而且也提高了学生的学习动力和自我驱动能力。

具身性学习还对学生的身体健康和情感发展有着积极影响。通过身体活动，学生不仅能够提高身体协调性和运动能力，还能通过团队运动和合作学习活动来增强社交能力和团队合作能力。此外，身体参与的学习活动也有助于学生释放压力，提高心理健康。在这一过程中，学生能够更好地了解自己的身体和情感，建立起更全面的自我认知。

通过身体活动进行学习不仅提高了学生对知识的理解和记忆，还促进了他们的身体健康和情感发展，有助于他们形成更全面的自我认知，推动高校全人教育目标的实现。

4. 教育理念的影响

具身性教育理念对传统教育模式带来了根本性的影响，它挑战并扩展了传统教育中关于学习的理解和实践方式。这种理念强调将学习视为一种全人的、整体的体验，不仅仅关注智力发展，还包括身体、情感和社交等多方面的成长。

具身性教育理念的应用使教育者开始重新思考学习过程的本质。在这种理念下，学习不再局限于课堂讲授和书本知识，而是变成了一种综合身体活动、互动体验和情感参与的全面的过程。这种方法更强调学生的主动参与和体验，鼓励学生通过实际操作、体验和感受来深化对知识的理解。

通过具身性教育，学生能够发展多元智能，如身体运动智能和空间智能。这些智能的发展不仅有助于学生在特定领域，如体育、艺术和设计等方面的学习，还能够提高他们在解决问题、创新思维和团队合作等更广泛的领域中的能力。例如：通过体育活动，学生不仅锻炼了身体，还培养了团队合作和领导能力；通过艺术创作，学生不仅提升了审美能力，还增强了创造力和表达能力。

具身性教育理念还强调了对学生情感和社交发展的重视。通过集体活动和合作学习，学生在参与和互动过程中学习如何表达自己、理解他人和有效沟通，这对于他们的社交技能和情感智力的发展至关重要。

具身性教育理念对传统教育模式产生了深远的影响，它不仅丰富了教育的内容和方法，还有助于学生的认知、情感、社交和身体等方面的全面发展，为培养适应现代社会需求的全面发展的人才提供了有力支持。

二、生成“身体主体”的具身性教学理念

（一）重塑教师和学生的角色

在主体间教学模式中，教师和学生的角色产生了显著的转变，这一变化体现在他们在教育过程中的互动和参与方式上。在这种模式下，教师的角色从传统的知识传授者转变为引导者和合作者。他们的主要任务不再是简单地向学生灌输知识，而是创造一个环境，让学生能够积极参与到学习过程中来。教师在这里扮演的是促进者的角色，他们鼓励学生提出问题、分享见解，并与学生一起探讨和思考。

在这种教学模式中，教师的职责包括设计互动性强的课程，引导学生进行批判性思考，鼓励学生之间的讨论和合作，以及提供反馈和支持，帮助学生构建他们自己的知识体系。教师还需要关注学生的个别差异，调整教学方法以适应不同学生的学习需求和风格。

与此同时，学生的角色也发生了根本性的改变。在主体间教学模式中，学生不再是被动地接受知识的对象，而是成为主动的参与者和知识的构建者。他们被鼓励表达自己的观点和想法，参与到课堂讨论和活动中，主动探索和解决问题。学生有机会在学习过程中展示自己的创造性，通过与同伴和教师的互动，共同生成新的知识和体验。这种角色的转变使学生能够更加深入地参与学习，发展批判性思维、创新能力和解决问题的能力。

在主体间教学模式中，教师和学生角色的转变是向着更加平等、互动和合作的方向发展。这种转变不仅提升了教学的有效性，而且促进了学生的全面发展，为构建一个更加互动和富有成效的学习环境奠定了基础。

（二）强调身体经验和实践

具身性教育理念在教育领域中提倡将身体经验和实践作为学习的核心组成部分，这一理念对传统的教育模式提出了挑战。

1. 身体经验的核心作用

在具身性教育理念中，身体经验的核心作用被特别强调，它被视为学习过程中不可或缺的一部分。这种理念认为，身体经验远不止是身体动作本身，它还包括通过这些动作获得的情感和认识。在具身性教育中，学生不是单纯地从书本或理论讲解中学习，而是通过实际的身体活动来探索和理解知识。

这种方法使学生能够通过身体感受和运动来更深入地体验和理解学习内容。例如，在学习科学概念时，通过实验和操作，学生能够直观地观察现象并理解其背后的原理。在体育教育中，通过实际参与运动，学生不仅学习技术和规则，还能体会团队合作和策略的重要性。甚至在艺术教育中，通过绘画、雕塑或舞蹈等形式，学生能够通过身体来探索和表达情感和思想。

身体经验在教育中的应用还能帮助学生建立知识与现实世界的联系，使学习变得更加有意义。通过身体活动，学生不仅学习到具体的技能和知识，还在实践中发展了解决问题和创新思维能力。

具身性教育理念强调的身体经验的核心作用，为学生提供了一个更加全面和动态的学习方式。这种方式不仅让知识学习变得更加生动和实际，还有助于学生的全面发展，包括认知、情感和社交技能的提升。

2. 教育实践中的应用

在体育教育中，具身性教育理念的应用提供了一个生动的例子，展示了如何将理论知识应用于具体的实践中。在这种教育模式下，学生不再是仅从书本或传统课堂讲解中学习运动技术，而是通过亲身参与运动来深入理解和掌握这些技术。这种方法使得学习过程更加注重实践操作和体验，使知识学习变得更加具体和实用。

通过实际的体育活动，学生能够在真实的环境中体验运动中涉及的知识与技能。例如，在学习足球时，学生通过实际踢球来理解控球、传球和射门的技巧，而不仅仅是在教室里学习这些技能的理论。这种实践中的学习不仅加强了学生对运动技能的掌握，而且还帮助他们理解运动背后的战略思维和规则。

这种实践性的学习方式还促进了学生对运动的兴趣和参与度。当学生体验到运动带来的乐趣和挑战时，他们更容易建立起对运动的积极态度，同时也能在身体锻炼、团队合作和竞技策略方面得到全面的发展。

具身性教育理念在体育教育中的应用突出了学习过程中实践和体验的重要性。这种方法不仅使体育知识学习更加生动和实际，还有助于学生在体育活动中发展全面的技能和综合素养。

3. 具身性活动的设计

在具身性教育理念下，教育者有机会设计多样化的身体活动，这些活动旨在通过实践和体验来促进学生的学习和发展。这类活动包括组织体育比赛、运动训练课程以及互动体育游戏等，它们不仅增强了学生的身体素质，还促进了社交和团队合作能力的发展。

例如，通过组织足球、篮球或排球等体育项目的比赛，学生不仅能够在比赛中实际应用和提高他们的运动技能，还能学习到如何在团队中协作和沟通。这种竞技环境鼓励学生在实际比赛中思考策略，快速决策，并与队友一起努力实现共同的目标。在运动训练课程中，教育者可以引导学生通过一系列有针对性的运动来提高体能和特定的技能。这些训练不仅着重于技术的提升，还包括增强体力和耐力，为学生参与更高强度的体育活动打下基础。

互动体育游戏则提供了一个更为轻松和有趣的体育活动方式。这些游戏通常设计得富有创意和趣味性，旨在激发学生的参与热情。通过这些游戏，学生在玩乐的同时学习运动技能，也在不知不觉中提高了团队合作和社交能力。

通过这些具身性活动，学生能够在实际的体验中学习和成长，这些活动使学习过程变得更加生动和直观。学生在参与这些活动时不仅提升了对体育知识的兴趣，还增强了对体育活动的参与度。总体来说，这些活动不仅是对身体的锻炼，更是对学生社交、团队协作能力和综合素养的培养。

具身性教育理念通过强调身体经验和实践在教育过程中的重要性，为学习提供了一个更加全面和动态的视角。这种方式不仅提高了学生对知识的理解和应用能力，而且促进了他们的全面发展。通过这样的教育实践，学生能够在更广泛的领域中获得实际的经验，为他们的未来发展奠定坚实的基础。

（三）促进反思和对话

在主体间教学模式中，反思和对话的环节被赋予了极其重要的地位。此模式不仅仅关注知识的传递，还强调了学生对自身经验和学习过程的深入反思，以及与教师和学生之间的积极对话。

首先，反思部分鼓励学生深入思考自己的学习经验，理解并评估自己在学习过程中的感受、想法和挑战。这种自我反思有助于学生构建对学习内容的深层次理解，使他们不仅仅停留在知识的表面，而是能够探究和理解知识背后的原理和联系。例如，学生可能会被鼓励去思考一个特定的历史事件如何影响了今天的社会结构，或者一个科学原理是如何在日常生活中得到应用的。

其次，对话和分享的环节是此教学模式的另一个关键组成部分。学生不仅与教师进行交流，还与同学分享他们的想法和观点。通过这种交流，学生可以听到多样的观点，这有助于他们开阔视野，理解不同的思维方式。对话也能促进学生间的合作和共同学习，帮助他们在集体环境中成长。

反思和对话的过程对于培养学生的批判性和创造性思维至关重要。批判性思维使学生能够质疑和分析信息，而创造性思维鼓励他们超越现有的知识框架，探索新的解决方案。例如，学生可能会被鼓励去探讨如何将现有的科学知识应用于解决环境问题，或者如何创新地解读一部文学作品。

主体间教学模式中的反思和对话环节不仅加深了学生对知识和经验的理解，也极大地促进了他们批判性和创造性思维的发展。这种教学方式帮助学生成为更独立、更有洞察力的学习者，为他们未来的学术和职业生涯发展打下了坚实的基础。

三、具身性教学理念在高校体育教育中的应用

在高校体育教育中应用具身性教学理念，可以通过以下几种方式进行。

（一）设计具身性的教育活动

在高校体育教育中，设计具身性的教育活动是应用具身性教学理念的重要策略。具身性教育重视通过身体活动和运动体验来构建知识和意义，让学生在亲身参与和体验中学习和理解。这种教学方法的实施可以通过多样化的体育活动来完成。

教育者可以组织包括篮球、足球、田径在内的各类体育比赛，这些比赛不仅让学生实践体育技能，还能让他们体验团队合作的重要性和比赛中的战略思考。此外，还可以安排如体操、舞蹈、武术等不同类型的运动训练，让学生通过身体动作和节奏来深入理解运动的艺术和美学。

在这些活动中，学生不仅仅在物理层面上运动，他们还通过身体感知来深入理解和内化运动技术、团队合作的精神以及比赛策略。例如，在篮球比赛中，学生不只是学习投篮和传球的技巧，他们还需要理解团队协作的重要性和比赛中的战略部署。在舞蹈或武术训练中，学生通过身体的运动和表达，深入理解运动的流畅性、节奏感和表现力。

通过这些具身性的教育活动，学生能够更加全面和深入地掌握运动技巧，并理解这些技巧背后的科学原理和人体生理机制。这种体验式学习方式有助于学生更好地理解体育运动的本质，提升他们对体育运动的兴趣和参与度，从而在体育技能、团队合作、战略思维以及身体健康等方面得到全面发展。

（二）鼓励学生的主体性参与

在具身性教育中，学生的主体性参与是实现教学目标的关键因素。这种教育方法鼓励学生在体育活动中积极参与和探索，从而更深入地理解和掌握体育技能。教育者在这个过程中的作用是激励和引导，帮助学生发掘他们的潜能和兴趣。

教育者应当鼓励学生在体育课上积极表达自己的观点和想法。例如，学生可以分享他们对某项运动技巧的理解，或者讨论他们在实践中遇到的挑战和解决问题的策略。这不仅有助于深化学生对运动技能的理解，还能增强他们的沟通能力和自信心。

教育者应该鼓励学生在团队运动中承担不同的角色，体验多样的战术和策略。这种多角色的参与方式可以让学生从不同的视角理解运动，增加他们对运动规则和团队合作的理解。例如，在篮球比赛中，学生可以轮流担任攻击者、防守者或协调者的角色，了解不同位置的责任和技巧。

教育者还应该鼓励学生在课后进行自主训练和探索。通过自主训练，学生可以在没有教师指导的环境中实践和完善他们的技能，这不仅有助于他们更好地掌握体育技能，还能培养他们的自主学习能力和问题解决能力。

（三）促进反思和对话

在具身性体育教育中，促进学生的反思和对话是非常重要的环节，它有助于学生加深对体育活动的理解，并从中获得更深层次的教育价值。教育者可以通过多种方式来激发和引导学生的反思和对话。

教育者可以组织课后讨论，让学生分享他们在体育活动中的体验和感受。例如，在一次篮球比赛之后，学生可以讨论他们在比赛中的表现、遇到的挑战以及成功的经验。这种讨论不仅帮助学生更好地理解运动技能和战略，还能增进他们对团队合作和竞争心态的理解。

撰写运动体验报告或反思日志也是促进学生反思的有效方法。在写作过程中，学生能够有更多的时间和空间去思考和整理他们的运动体验。例如，学生可以记录他们在足球训练中的进步、在体操课上的感受或在长跑中的心理变化。这种反思过程有助于学生更深入地理解体育活动对身体和心理的影响，以及体育对个人发展的重要性。

教育者还可以引导学生讨论如何将体育理论应用于实际运动中。这不仅仅是对技能的讨论，更是对运动背后科学原理的探索。例如，学生可以讨论不同跑步技术的生物力学原理，或者分析团队运动中的沟通和协作策略。

通过促进反思和对话，教育者不仅能帮助学生加深对体育活动的理解，还能促进他们的情感发展和社交技能。这种教学方法使体育教育不仅限于身体训练，而是成为一种全面的学习体验，有助于学生在体育领域乃至更广泛的领域中实现全面发展。

具身性教育理念强调个体的身体经验和主体性在教育中的重要性，从主客体到主体间的转变是高校体育教育的一个重要趋势。通过生成“身体主体”的具身性教育理念，教育者能够更好地培养学生的体育素养和综合能力，提高教育质量和学生体验。这一理念的应用需要教育者不断探索和实践，以适应不同学生群体和教育环境的需求，为高校体育教育注入新的活力和创造力。

第二节　从间隔化到融合式：开启“身体思维”的具身性教学方式

高校体育教育在培养学生的体育素养和综合能力方面具有重要作用。然而，传统的高校体育教育往往将身体活动与学术知识割裂开来，导致了身体与思维的间隔化。在现代教育理念的指导下，融合式具身性教学方式逐渐受到关注，其核心思想是将身体与思维融为一体，开启“身体思维”的教学方式，培养学生的身体思维能力。在开启“身体思维”的教学方式下，高校体育教育可以更好地培养学生的创新性和批判性思维能力。学生不仅仅是身体的执行者，还是思维的参与者，他们能够更深入地理解学术知识，并将其应用到实际生活中。

一、融合式具身性教学方式的理论基础

融合式具身性教学方式是一种创新的教学方法，它结合了现象学和具身性理论的关键理念，致力于通过身体经验和活动来促进学习。这种方法的核心在于认识到身体不仅是物理存在，而且是认知和学习的基本媒介。

（一）现象学的贡献

1. 主体性的强调

现象学的核心理念之一是主体性，这一概念在教育领域中具有深远的意义。主体性强调了个体作为一个独特而主动的存在，与世界进行互动，并通过身体经验来建立与世界的联系。

现象学将个体视为一个主动与世界互动的存在。这一观点强调每个人都是一个独特的主体，具有自己独特的思维、情感和身体经验。在教育背景下，这意味着学生不仅被动接受信息和知识，而且积极地参与和塑造他们自己的学习体验。

这个观点强调了每个学生在学习过程中的主体性，即他们是学习的主体，而不仅仅是被动的学习对象。学生通过自己的身体经验来感知和理解世界，通过主动参与学习活动来形成对知识的理解。这种主体性的强调意味着学习不仅是在课堂上接受教师传授的知识的过程，而且是一个积极参与和富有个性化的过程。

在教育实践中，主体性的观点鼓励教育者将学生视为独特的个体，尊重他们的思维和情感差异，并创建有助于他们积极参与学习的环境。这包括提供互动性的教学方法、鼓励学生提出问题和探索自己的兴趣领域，以及提供个性化的学习机会。通过强调主体性，教育可以更好地满足学生的需求，培养他们的批判性思维和自主学习能力，使他们能够积极地塑造自己的学习体验。这种教育方式更符合现代教育的趋势，强调学生的参与和自主性，有助于培养他们成为更有创造力和自信的学习者。

2. 多感官学习

现象学认为通过感官体验，个体能够更加全面地理解和吸收知识。这包括视觉、听觉、触觉等多种感官。多感官学习的概念强调了学习不应仅仅依赖于书本和言语，而应包括身体的感知和情感体验。通过多感官学习，学生能够以更为丰富和深入的方式接触和理解知识。

在多感官学习中，视觉是其中一个重要的感官。学生可以通过观察图表、图片、实验、模型等视觉元素来理解抽象的概念和复杂的过程。例如，在学习生物学时，观察显微镜下的细胞结构可以让学生直观地了解细胞的组成和功能。视觉的呈现可以激发学生的好奇心，帮助他们建立视觉记忆，更容易记住和理解学习内容。

除视觉以外，听觉也是多感官学习中不可或缺的一部分。通过听取讲座、听录音、参与讨论等方式，学生能够接触到口头表达的知识和观点。听觉学习有助于学生聆听和理解不同的声音、语调和口音，提高他们的听觉辨别能力。此外，听觉学习还可以培养学生的注意力，因为他们需要聚焦于讲话者的内容。触觉也在多感官学习中发挥着重要作用。学生可以通过实际操作、触摸材料、参与实验等方式来感知和体验知识。例如，在学习化学实验时，学生可以亲自操作实验器材，感受化学反应的温度变化和物质的质地变化。触觉学习可以加强学生的实践能力和直观感受，让他们更深入地理解学科知识。

多感官学习强调通过视觉、听觉、触觉等多种感官来丰富学习体验，使学生能够以更为全面和深入的方式接触和理解知识。这种学习方法不仅有助于知识的吸收和记忆，还培养了学生的感知能力、观察力和实践技能，为他们的未来发展打下了坚实的基础。

（二）具身性理论的贡献

1. 身体作为认知的基础

具身性理论强调，我们的身体不仅是感知世界的工具，而且是我们理解和认知世界的基础。这一理论认为，认知过程不仅仅发生在大脑中，也深深植根于我们的身体经验中。通过身体的感知和动作，我们能够更深刻地理解和掌握知识。

具身性理论挑战了传统认知科学中将思维和知觉分离的观念，强调身体是思维和知觉的重要媒介。这一理论认为，我们的认知过程是与身体的感觉、动作和情感相互交织在一起的。通过感知我们的身体状态以及与外部环境的互动，我们能够更好地理解和解释世界。

例如，当我们学习骑自行车时，身体保持平衡、腿部的踏动以及风吹过脸颊的感觉都是与学习过程密切相关的。这些身体感知通过动作和经验，帮助我们掌握了骑自行车的技能。这种身体经验比仅仅阅读有关自行车的书籍或听别人讲述如何骑自行车要更加深刻和实际。

具身性理论还强调情感在认知中的重要性。我们的情感状态和情感体验与身体状态紧密相连，它们共同影响我们对世界的理解和反应。例如，当我们感到愉悦时，我们的身体可能会放松；而当我们感到紧张时，我们的身体可能会变得紧绷。这些情感状态会影响我们的思维方式和决策过程，进一步证明了身体与认知之间的紧密联系。

具身性理论强调了身体作为认知的基础的重要性。通过身体的感知、动作和情感，我们能够更加全面、深入地理解和掌握知识，使认知过程更加丰富和有深度。这一理论不仅改变了人们对认知的传统理解，也为教育和学习提供了新的视角和方法。

2. 通过身体感知和动作学习

具身性理论认为，通过身体感知和动作，学生可以更深入地理解和掌握知识。这意味着学习不仅仅是理论性的，还包括实际的身体参与。通过动手操作、实践活动和体验，学生能够更好地理解抽象概念，并将知识应用于实际情境中。

在具身性学习中，学生通过身体感知和动作来探索和理解世界。这可以包括实际的实验、操作物体、制作模型等。例如，在学习物理学时，学生可以通过实验来观察物体的运动和力的作用，通过自己的身体动作来体验力的方向和大小。这种实际的身体参与使学生能够更直观地理解物理学的原理，而不仅仅是记忆公式和概念。学生还可以通过实际体验来应用他们所学的知识。例如，在学习历史时，学生可以通过模拟历史事件或角色扮演来更好地理解历史背后的社会和文化背景。这种实际体验使学生能够将历史知识应用于解释现实世界中的事件和现象，提高了他们的批判性思维和问题解决能力。

具身性学习还鼓励学生通过体验来发展技能。例如，在学习艺术类课程时，学生需要实际绘画、雕塑或表演，而不仅仅是从理论上了解艺术史和艺术理论。这种艺术实践有助于学生培养创造性思维和表达能力，同时也提高了他们对艺术作品的欣赏和理解能力。

通过身体感知和动作学习，具身性理论强调了实践性和体验性在教育中的重要性。这种学习方式使学生能够更全面、深入地掌握知识，并将知识应用于实际情境中，从而提高了他们的学习效果和应用能力。

二、融合式具身性教学方式的实践路径

（一）课程设计的转变

融合式具身性教学方式要求重新设计课程，将身体经验和思维过程融合在一起，从而创造更具体、更有深度的学习体验。这种转变需要教育者重新思考课程的结构和内容，注重学生的实际体验和参与，包括体育活动、实验、角色扮演等。以下是课程设计的转变方面的详细信息。

1. 体验导向的学习活动

课程设计应包括丰富的体验导向的学习活动，旨在让学生亲身参与和实践。这些活动包括体育活动、科学实验、艺术创作等。通过这些活动，学生能够在实践中感知和体验知识，而不仅仅是被动地接受信息。

在体育活动方面，学生参与体育比赛和训练课程可以帮助他们理解运动技能、战术和团队合作的重要性。通过亲身参与，他们能够体验到身体的协调和运动技巧的应用，加深对体育原理的理解。这种实际体验不仅提高了学生的运动技能，还培养了他们的领导能力和团队协作能力。

在科学实验方面，学生可以亲自进行实验，观察物理现象和化学反应。这种实际操作让他们更深入地理解科学原理，同时也培养了实验设计和数据分析的能力。通过自己的实验体验，学生能够对科学原理有更深刻的认识，并从中获得实际的科学知识。

在艺术创作方面，学生可以通过绘画、雕塑、表演等方式表达自己的创造力和想法。这种艺术创作活动不仅能够让学生提高艺术创作水平，还有助于他们表达情感和思想。通过实际的艺术创作，学生能够体验到创造性思维的乐趣，同时也提高了审美感知和艺术欣赏能力。

体验导向的学习活动丰富了课程设计，使学生能够在实践中感知和体验知识。这种实际参与不仅提高了学生的专业技能，还培养了他们的实际操作能力、领导力、团队协作能力、科学实验能力以及创造性思维。

2. 角色扮演和模拟

课程设计可以包括角色扮演和模拟活动，旨在让学生在特定情境中扮演不同的角色，从而深入理解复杂的概念和情境。例如，在历史课上，学生可以模拟历史事件的参与者，体验历史决策的复杂性和挑战。这种活动有助于学生理解历史背后的社会和文化背景，培养批判性思维和问题解决能力。通过角色扮演和模拟活动，学生置身于特定的历史时期或社会情境中，他们需要扮演不同的角色，如政治领袖、普通民众等。在这些情境中，学生需要面对各种决策和挑战，并思考如何应对。这种体验让学生更好地理解历史事件的复杂性，包括政治、经济、社会和文化因素的相互影响。

角色扮演和模拟活动还培养了学生的批判性思维能力。他们需要分析不同角色的动机、利益和价值观，权衡各种选项，并做出决策。这有助于他们发展批判性思维和逻辑推理能力，能够更好地评估各种复杂情境下的选择。这种活动还提高了学生的问题解决能力。他们需要面对各种挑战和困难，寻找解决问题的方法，并与其他角色互动以达成共识。这培养了学生的协作和沟通能力，使学生能够在现实生活中应对复杂的问题。

角色扮演和模拟活动是课程设计中的重要元素，通过让学生体验历史和社会情境，培养了他们的理解能力、批判性思维和问题解决能力。这种学习方式不仅提高了学生的学术水平，还为他们未来的职业发展和公民责任培养提供了有力的支持。

3. 身体思维的培养

课程设计应旨在培养学生的身体思维能力，将身体感知和动作纳入学习过程中。这种教育方法旨在帮助学生更深入地理解和掌握知识，将抽象概念转化为实际操作。

身体思维包括运动技能的培养。在体育课程中，学生通过实际的身体运动来掌握运动技能。这不仅仅是理论的学习，还包括实际的身体参与。学生需要通过动手操作、实践活动和体验来提高他们的运动技能，这有助于他们更好地理解和应用体育原理。身体思维也涵盖了艺术和表演领域。学生在绘画、雕塑、表演等艺术创作活动中可以通过身体的动作来表达自己的创造力和思想。他们需要运用身体感知来创造艺术作品，这有助于他们更深入地理解艺术的表现力和审美原则。

课程设计应该重视培养学生的身体思维能力，将身体感知和动作纳入学习过程中。这种身体思维有助于学生更深入地理解和掌握知识，提高他们的学科理解和实际应用能力。这种综合性的学习方法不仅培养了学生的实践技能、创造性思维和问题解决能力，还有助于学生在学术领域取得成功，在职业发展领域大放异彩。

4. 跨学科整合

融合式具身性教学强调跨学科的整合，旨在使学生能够综合运用不同学科的知识和技能，以更全面地解决复杂的问题。

在课程设计中，教育者可以创建学习体验项目，鼓励学生在解决现实世界问题时进行跨学科合作。这意味着学生需要综合运用科学、技术、工程、数学等多个学科的知识和技能。例如，在一个跨学科的项目中，学生可能需要使用科学原理来理解问题的根本原因，使用技术工具来收集和分析数据，运用工程原则设计解决方案，以及应用数学模型来优化解决方案。这种跨学科整合能够更好地模拟现实世界中的综合问题，并培养学生解决复杂问题的能力。

跨学科整合还有助于学生将不同学科的知识联系起来，形成更全面的理解。他们不再将知识视为孤立的存在，而是将其整合为一个更大的知识网络。这有助于学生更好地理解知识间的联系，提高他们的综合思维能力。跨学科整合还培养了学生的团队合作和沟通能力。在合作解决跨学科问题的过程中，学生需要与不同背景和专业知识的同学协作，共同寻求解决方案。这种实践有助于培养他们的团队精神和跨学科合作能力，对其未来的职业发展具有重要意义。

融合式具身性教学倡导跨学科整合，使学生能够在解决问题时综合运用多学科知识和技能。这种教学方法不仅提高了学生的解决问题能力，还促进了他们的综合思维、团队合作和跨学科合作能力的发展，为他们未来的学术和职业发展提供了有力支持。

5. 学生参与的重要性

课程设计要强调学生的主体性参与，让他们成为课堂的积极参与者。教育者应该创造一个鼓励学生提问、分享观点和参与讨论的学习环境。学生应被鼓励成为课堂上的积极参与者，而不仅仅是被动的知识接受者。他们可以提出问题、探索疑惑，并积极与同学和教师进行对话和合作。这种主体性参与能够使学生更加投入学习过程，积极参与知识的建构和互动。

学生的主体性参与有助于激发他们的学习兴趣和动力。当学生感到自己的声音被听到和尊重时，他们会更有动力去探索和学习。他们会对课程内容产生更浓厚的兴趣，愿意投入更多的时间和精力来深入理解和掌握知识。学生的主体性参与也有助于他们的全面发展。通过参与讨论和合作项目，学生不仅获得了学科知识，还培养了批判性思维、沟通技能、问题解决能力和团队合作能力。这些能力在未来的学习和职业生涯中都至关重要。

课程设计应强调学生的主体性参与，鼓励他们成为积极参与的学习者。这种参与方式有助于激发学生的学习兴趣和动力，促进其全面发展，为未来的成功奠定坚实的基础。

综上所述，课程设计的转变是融合式具身性教学的关键要素之一。通过重新思考课程结构和内容，重视学生的实际体验和参与，教育者可以为学生创造更深入、更丰富的学习机会，培养他们的身体思维能力，促进其全面发展。

（二）教学方法的创新

传统的体育教学方法通常以教师为中心，侧重于技能的传授和规定性的指导。然而，融合式具身性教学方式要求教师采用更加开放和更具互动性的教学方法，以促进学生的自主学习和思考，使教育过程更富有参与性和启发性。

1. 引导式教学

在融合式具身性教学中，教师不再是单纯的知识传递者，而是成为学生的引导者。他们的任务是引导学生自主探索和思考，激发他们的好奇心和批判性思维。教师提供问题、情境和挑战，引导学生寻找解决方案和构建知识。这种引导式的教学方法强调学生的主动参与和自主学习。

教师不再仅仅向学生提供答案，而是鼓励他们提出问题、探索实际情境，并从中学习。教师可能会使用启发性问题来引导学生思考，激发他们的探索欲望。这种引导式教学有助于培养学生的批判性思维能力，让他们能够更好地理解和应用所学的知识。教师还可以创建具体的情境或挑战，让学生在实际操作中应用所学的知识，将理论知识转化为实际技能。教师的引导和支持在这个过程中起着关键作用，确保学生能够成功应对挑战。

引导式教学是融合式具身性教学的核心特征之一，它强调学生的积极参与、自主学习和批判性思维，使教育与学生的实际生活和需求更加契合。教师在这一过程中扮演着引导者的角色，激发学生的学习动力，帮助他们构建知识和技能。

2. 问题驱动式学习

融合式具身性教学鼓励教师采用问题驱动式教学方法。教育者可以提出具体问题或挑战，激发学生的学习兴趣。学生需要积极参与解决问题的过程，寻找答案和制定解决方案。这种方法注重实际问题解决和知识的应用，培养学生的问题解决能力。

问题驱动式学习的核心思想是通过向学生提出具体问题，引发他们的好奇心和求知欲。教育者可以选择与课程内容相关的挑战性问题，激发学生的思考和探索欲望。这种方法不仅有助于学生更深入地理解课程内容，还能够培养他们的批判性思维和解决问题的能力。

在问题驱动式学习中，学生需要积极参与解决问题的过程。他们可能需要研究、调查、实验或合作，以找到问题的答案或制定解决方案。这种积极参与的学习方式有助于学生深入思考，培养他们的自主学习和合作能力。问题驱动式学习注重知识的实际应用。学生不仅仅是被动接受知识，而是将其运用到解决实际问题的情境中。这有助于他们更好地理解知识的实际意义和应用价值。

问题驱动式学习是融合式具身性教学的重要组成部分，它通过提出问题和挑战，激发学生的学习兴趣，促进知识的实际应用，使教育更具深度和实用性。

3. 小组合作

合作学习是融合式具身性教学的重要组成部分。学生被鼓励在小组中进行探讨和合作，共同解决问题。通过小组合作，学生可以相互学习、分享经验和协同工作，培养团队合作和沟通技能。这种互动和合作有助于学生更好地理解和应用知识。

在小组合作中，学生通常会面临复杂的问题或任务，需要集思广益来找到解决方案。这促使他们积极参与讨论和思考，从不同的角度来看待问题。通过与同伴的合作，他们可以汇集不同的观点和思路，丰富了解决问题的可能性。小组合作还培养了学生的团队合作和沟通能力。他们需要有效地与小组成员分工合作，协调行动，并表达自己的想法和观点。

4. 实际体验

融合式具身性教学强调实际体验的重要性。教育者应该设计各种具身性的教育活动，让学生通过身体感知和运动来构建知识和意义。这包括实际的体育比赛、运动训练、体验式学习等。通过这些活动，学生能够更深入地理解运动技术知识和体育原理。

实际体验的重要性在于它能够将抽象的概念和理论转化为具体的实践。例如，在学习篮球运动时，学生不仅仅是听取关于投篮技巧的讲解，他们会亲自尝试投篮，感受投篮时的身体动作。这种实际体验帮助学生将理论知识与实际运动技能相连接，以便更好地理解和掌握。实际体验还可以培养学生的运动技能和身体感知能力。通过不断的实践和体验，学生能够提高自己的运动技巧，增强身体协调性，并提高体育表现水平。这种积极参与的过程有助于学生培养运动习惯和健康生活方式。

5. 反思和对话

融合式具身性教学强调反思和对话的重要性，为学生提供了有助于深化理解和促进批判性思维的机会。首先，反思是一个重要的环节。学生被鼓励主动思考和回顾自己的学习经验，包括实际体验、问题解决和小组合作等方面。他们可以思考自己的成功和挑战，分析为什么某种方法有效，为什么某个问题难以解决，从而更好地理解知识和技能。这种反思可以通过书面反思、口头表达或在线日志等方式进行。其次，对话是另一个关键元素。学生被鼓励与同学和老师进行积极的对话和分享。通过与他人讨论和交流，学生可以分享彼此的观点和理解，互相启发和补充，从不同的角度审视问题。这种对话有助于拓宽学生的思维，提高他们的批判性和创造性思维能力。此外，教育者还可以引导学生参与小组讨论、合作项目或课堂辩论，进一步促进对话和思维碰撞。

反思和对话不仅有助于学生更深入地理解知识和意义，还培养了他们的自主学习和批判性思维能力。这些技能在未来的学习和生活中都具有重要价值，使学生能够更好地应对复杂的问题和挑战。

总之，融合式具身性教学方式的教学方法创新要求教师采用更加开放和互动的方式，成为学生学习过程中的引导者和促进者。教师应该注重学生的主动参与和思考，以培养学生的自主学习能力和综合思维能力。这种教学方法的创新有助于提高学生的学习动力和兴趣，促进他们在体育教育中的全面发展。

（三）教育效果与挑战

关于教育效果，融合式具身性教学方式有助于学生更深入地理解体育知识。通过实际体验、问题驱动学习和小组合作，学生能够将理论知识与实践技能相结合，从而更好地应用和理解所学内容。

融合式具身性教学方式也带来了一些挑战。首先，教师需要适应新的教学理念和方法，经过一定的时间和培训来适应这种变化，从纯粹的知识传授者转变为学生的引导者和激励者。其次，这种教学方式需要更多的教学资源和硬件支持，包括适当的场地、设备和材料。不同的体育项目需要不同的资源投入，这对一些学校和培训机构来说是相当大的一笔负担。

教育评估体系也需要进行相应的调整，以适应融合式具身性教学方式的特点。传统的考试和评估方式无法全面反映学生在这种教学方式下的身体思维能力和综合素养。因此，需要开发新的评估方法，如项目作业、实践表现评估等，以更好地评估学生的综合能力和实际运用能力。这也需要更多的时间和资源的支持。

融合式具身性教学方式作为一种新的教学理念和方法，在高校体育教育中具有重要的意义。它强调将身体与思维融合，培养学生的身体思维能力，提高学生的综合素养和创造力。然而，实施这种教学方式面临一些挑战，需要教育机构、教师和教育决策者的共同努力。通过不断的研究和实践，融合式具身性教学方式有望成为促进高校体育教育发展的新动力。

第三节　从独白式到对话式：推行“身体间性”的具身性教学方法

现象学视角下的具身性教育理念鼓励教师和学生之间建立对话式的教学关系，推行“身体间性”的具身性教学方法。通过推行“身体间性”的具身性教学方法，实现从独白式到对话式的教学转变，使高校体育教育可以更好地满足学生的需求，提高他们的学习动力。

一、传统独白式教学的限制

（一）传统独白式教学的特点

在传统独白式教学中，教师通常是知识的主要来源，他们通过讲课、演示和解释来传授体育知识和技能。学生的主要任务是聆听和接受这些信息，而不太涉及主动思考或互动。教师负责规划课程内容、决定教学方法和控制教学进度。学生坐在课堂中聆听教师的讲课，互动和提问机会相对较少，参与度有限。

传统体育教育偏向于传授理论知识，如体育规则、技术和战术等。这些知识通常以书本、幻灯片演示和口头解释的形式呈现，实际的运动体验和实践应用相对较少。在教学评估方面，传统体育教育通常依赖于标准化考试和测验。学生被要求回答理论性问题，展示对知识的记忆和理解。实际运动技能的评估通常以技能测试或比赛的形式进行，但较注重单一技能的测评，而非综合素质的评估。

这些特点表明传统教学更注重知识传授和理论学习，学生的参与度较低、实际运动体验较少。这种教学方式不够灵活，无法全面培养学生的体育素质和综合能力。

（二）教育效果的局限性

传统独白式教学方式在高校体育教育中存在一系列明显的局限性，这些局限性对教育效果产生了负面影响，主要表现在以下几个方面。

1. 难以培养主动学习能力

在传统教学中，学生通常是消极地接受知识，而不是积极地参与学习过程。这种单向的知识传授方式限制了学生的主动学习能力的培养。他们缺乏思考和提问的机会，无法积极参与课堂讨论或问题解决过程。因此，他们缺乏主动学习的经验和技能，在课后的独立学习中难免遇到困难。

2. 限制批判性思维发展

传统教学往往注重知识的传授和记忆，而较少强调批判性思维的培养。学生被要求记住事实和信息，而不太涉及分析和评估能力的训练。这限制了学生的批判性思维的发展，导致他们缺乏独立思考、提出问题和质疑的能力。批判性思维是综合素质的重要组成部分，但在传统教学中常常被忽视。

3. 忽视身体思维和综合素质培养

传统教学方式通常偏向于理论性知识的传授，而忽视了身体在学习中的重要性。体育教育应该强调身体思维，即通过身体感知和运动来构建知识和意义。然而，在传统教学中，实际的运动体验和实践应用相对较少，学生缺乏综合素质的培养，如协作能力、问题解决能力等。

4. 评估方法不全面

传统的教育评估方法通常侧重于标准化考试和测验，这些方法主要测评了学生对理论知识的记忆和理解水平。然而，体育教育需要更全面的评估方法，以反映学生的身体思维能力和实际运动技能。标准化考试无法全面评估学生的综合素质和实际运动表现。

二、对话式教学的理论基础

（一）对话式教学的定义

对话式教学是一种教育方法，其核心特点是强调师生之间的互动和合作。这种教学方式不同于传统的单向传授知识的方法，而是鼓励学生积极参与课堂讨论、互动交流和思考探讨的过程。在对话式教学中，教师的角色不再局限于知识的传递者，而是学习过程的引导者和促进者。教师通常会提出问题、情境或挑战，激发学生的思考和讨论。学生被鼓励表达自己的观点、提出问题，积极参与课程互动。同时，对话式教学也强调学生之间的合作，他们可以共同探讨问题、分享观点，并寻找解决方案。

对话式教学是一种注重互动、合作和思考的教育方法，旨在培养学生的批判性思维、问题解决能力和沟通能力。这种教学方法强调学习过程中的师生互动，使课堂变得更加生动和有趣，有助于学生更深入地参与学习并建立对知识的理解。

（二）对话式教学的理论基础

对话式教学的理论基础涵盖了多个教育理论，包括社会建构主义、认知建构主义和互动主义等。这些理论为对话式教学提供了理论支持，并解释了其有效性和教育原理。

社会建构主义理论强调知识的社会性建构。它认为知识是通过社会互动和合作建构的。在对话式教学中，学生之间的互动和合作被视为知识建构的关键因素。学生通过讨论、分享观点和与同学合作来共同建构知识，这与社会建构主义理论相一致。

认知建构主义理论强调学习是一个积极的思维和认知过程，学生通过思考、解决问题和参与探讨来建构知识。对话式教学提供了一个平台，让学生积极参与思考和讨论，从而促进认知的建构。

互动主义理论关注师生和学生之间的互动。它强调了教师和学生之间的互动对于学习的重要性。在对话式教学中，教师和学生之间的积极互动促进了思维的碰撞和知识的共建。

三、实施对话式教学的策略

营造积极的课堂氛围对于成功实施对话式教学至关重要。以下是一些营造积极的课堂氛围的具体方法。

（一）建立信任和尊重

建立信任和尊重是对话式教学中至关重要的一环。教师需要采取一系列措施来确保学生的声音被听到、尊重和重视。首先，积极倾听学生的观点和想法是建立信任和尊重的基础。教师应该在课堂上鼓励学生分享他们的观点，并认真倾听。这种倾听不仅包括听到他们说的话，还包括理解他们的思维和感受。其次，回应学生的问题和疑虑至关重要。学生在课堂上提出问题时，教师应该给予积极的回应，不论问题是否与课程内容直接相关。这种回应表明教师重视学生的好奇心和思考能力。教师应该避免对学生的观点进行贬低或批评，而是鼓励他们表达自己的想法。即使学生的观点与教师的不同，也应该尊重他们有独立的看法的权利。再次，建立信任和尊重还包括对学生的个体差异的尊重。教师应该认识到每个学生都是独特的，拥有不同的背景、经验和观点。这种差异性应该被视为丰富课堂的资源，而不是障碍。最后，教师需要展现出对学生的关怀和支持。这可以通过提供额外的帮助、鼓励学生克服困难和表达对他们的信心来实现。当学生感到他们有一个支持他们成长的教师时，他们更愿意积极参与课堂对话和学习过程。

建立信任和尊重是对话式教学成功实施的关键。这种信任和尊重关系有助于营造一种积极、和谐的学习氛围，促进学生的学习和成长。

（二）实施小组讨论策略

小组讨论是对话式教学中的有效策略，它有助于营造积极的课堂氛围，促进学生的互动和合作。在小组讨论中，学生可以共同探讨问题、分享观点和解决问题。小组讨论鼓励学生积极参与课堂活动，提高他们的批判性思维和问题解决能力。在小组内，学生需要分析问题、讨论各种可能性，并提出解决方案。小组讨论还有助于培养学生的团队合作和沟通能力，这些能力在今后的学习和工作中都非常重要。

（三）提供案例分析

教师可以提供实际案例或情境，要求学生分析和讨论解决方案。这种方式可以激发学生的思考，促使他们在课堂上积极参与深入的讨论。

通过案例分析，学生能够将抽象的概念具体化，获得更清晰的理解。此外，案例分析还有助于学生将理论知识应用到实际情境中，提高他们的知识应用能力。这种将理论与实际情境相结合的学习方式有助于学生更好地理解和记忆所学的内容。

案例分析同时也培养了学生的批判性思维和问题解决能力。他们需要评估不同的情境，分析问题的各个方面，并选择最佳解决方案。这种思维方式在培养学生的分析和判断能力方面起到了关键作用。

（四）鼓励主动提问

教师可以积极鼓励学生主动提问，并为他们的问题提供支持。鼓励主动提问可以培养学生的好奇心和探索精神。当学生感到他们的问题受到尊重和重视时，他们更愿意积极思考和探索课程内容。这有助于激发他们的学习兴趣，使学习变得更有动力。

通过回答学生的问题，教师可以更好地了解学生的需求和理解水平。这有助于教师调整教学内容和方法，以更好地满足学生的学习需求。因此，鼓励主动提问有助于个性化教育的实施。学生的问题可能会引发课堂上深入的讨论和思考。一些问题可能会引发不同的观点和见解，从而促使学生更深入地思考和讨论。这种互动有助于学生更全面地理解课程内容。

（五）引导讨论

在对话式教学中，教师在课堂上担任引导者的角色。他们的任务是引导学生的讨论方向，确保讨论保持有序和有重点。这一角色的扮演有助于确保对话能够达到教学目标，并避免偏离主题。教师可以通过提出关键问题或话题来引导讨论。这些问题可以帮助学生集中注意力并探讨特定的概念或主题。教师的问题可以引导学生思考，激发他们的好奇心，促使深入的讨论的发生。教师可以管理课堂的讨论进程。他们可以确保每个学生都有机会发言，防止某些学生垄断讨论，以及避免不相关的话题干扰讨论。这有助于维持讨论的秩序和效率。教师可以促进学生之间的互动。他们可以鼓励学生互相回应和建立对话，而不仅仅是向教师提问。这样的互动可以促进学生之间的合作学习和知识分享。

教师的引导可以确保讨论与教学目标保持一致。他们可以将讨论引向特定的概念或技能，确保学生在对话中获得有价值的知识和见解。这有助于提高对话式教学的效果。

教师作为引导者在对话式教学中扮演着关键的角色。他们通过提出问题、管理讨论进程、促进互动和确保讨论与教学目标一致，帮助学生有效地参与对话，并从中获益。这种引导者的角色有助于创造积极的课堂氛围，促进学生的学习和成长。

四、评估对话式教学的方法

对话式教学的综合评估是为了全面了解学生在多个维度上的表现，如参与度、思考能力和合作精神。这种评估方法旨在反映对话式教学的核心目标，以下是一些评估方法和反馈机制，以促进对话式教学的有效实施。

（一）评估方法

1. 项目作业

项目作业是对话式教学中常见的评估方法之一。通过给学生分配实际项目或任务，可以考察他们解决问题、合作与沟通、创造性思维等方面的能力。评估项目作业时，教师可以关注学生的项目成果、解决问题的过程、团队合作和创新能力。

2. 小组讨论

对话式教学强调学生之间的互动和合作，因此小组讨论是常见的评估方式之一。学生在小组内讨论特定主题或问题，分享观点和见解。教师可以评估学生在讨论中的参与程度、对他人观点的尊重、对问题的分析和批判性思维。此外，小组讨论还可以评估学生的合作能力和团队精神。

3. 口头报告

学生可以通过口头报告展示他们的学习成果和思考过程。这种形式的评估有助于培养学生的表达、批判性思维和公共演讲能力。教师可以评估学生的演讲内容、逻辑性、表达清晰度和对问题的深入理解。

4. 参与度和互动

对话式教学强调学生的积极参与和互动。因此，教师可以评估学生在课堂上的参与度，包括提问问题、回答问题、参与讨论等。这种评估方法可以反映学生对课程的投入程度和对话式教学的应用程度。

5. 书面作业和反思

除了口头表达，书面作业和反思也是评估学生思考能力和对话式学习效果的重要方式。学生可以通过写作的方式表达他们的思考、观点。教师可以评估学生的写作能力、逻辑性和思考深度。

（二）反馈机制

教师应该为学生提供及时的反馈，鼓励他们提高自己的思考和表达能力。反馈在教育过程中扮演着至关重要的角色，它有助于学生了解自己的学习进展，发现自己的优势和改进的空间。

教师可以通过多种方式进行反馈，包括课堂讨论、个体指导和评估报告等。这些方式各有优势，可以根据学生的需求和教学情境来选择。

在课堂讨论中，教师可以即时回应学生的问题和观点，引导他们深入思考和表达自己的观点。这种及时的反馈有助于学生更好地理解课程内容，并提高他们的参与度和思维能力。

个体指导是一种针对个别学生的反馈方式，教师可以根据学生的特点和需要提供个性化的指导和建议。

评估报告是对学生学习表现的正式评估，教师可以通过评估报告向学生提供详细的反馈，指出他们的优点和需要改进的地方。这种反馈有助于学生全面了解自己的表现，并设定改进目标。

第四节 从定制型到生成性：创造“身体生成”的具身性教学成果

近年来，为了更好地激发学生的身体潜力和自主学习能力，教育界逐渐关注生成性教学方法，其中具身性教学成为备受关注的一种方式。具身性教学旨在将学生置于学习的核心地位，强调他们的身体经验和参与感。下面将探讨定制型教学的局限性，引入生成性教学的理念，通过具身性教学的实践案例，展现新型教学方式的具体应用与效果。

一、定制型教学的局限性

传统的高校体育教育往往采用定制型的教学方式，这种方式在某些方面存在明显的局限性，限制了学生的综合发展和教育效果。

（一）学生被动接受知识，缺乏主动性

在定制型教学模式中，学生往往扮演被动的角色，主要是接受教师传授的知识。这种方式使学生更加依赖于教师提供的信息，而不是自己主动去探索和解决问题。

这样的学习环境限制了学生主动学习和批判性思维能力的发展。为了培养学生的主动性和创造力，教育者需要探索更具互动性和以学生为中心的教学方法，如项目式学习、探究式学习等，这些方法能够激励学生参与到学习过程中，从而发展他们的主动学习和问题解决能力。

（二）学生的身体经验和参与感被忽视

定制型教学方式通常着重于理论知识的传授，却往往忽视了学生的身体经验和参与感。尤其是在体育教育领域，这种情况体现得尤为明显。身体经验在学习运动技能和培养自信心方面扮演着关键角色。实际上，运动技能的学习不仅仅是理论知识的吸收，更重要的是身体的实践和经验积累。

为了充分发挥身体经验在学习过程中的作用，教育方法需要更多地融入实践和体验元素。例如，通过实际的运动实践、互动游戏和体验式学习等方法，可以有效地提高学生的身体参与感。

（三）教育过程缺乏互动，学生与教师之间的距离较远

在定制型教学模式下，教学过程往往表现为教师对学生的单向知识传递，其中学生与教师之间的互动相对有限。这种教学方式可能导致学生感受到与教师之间存在一定的距离和隔阂。当学生觉得他们的角色仅限于接受知识时，他们可能变得不太愿意积极提问或分享自己的想法和观点。这种缺乏有效互动的教学环境会对学生的学习动力产生负面影响。

为了克服这些挑战，教育者需要探索更多促进师生互动的教学方法。例如，

通过小组讨论、案例研究、角色扮演等方式，可以激发学生的参与兴趣，鼓励他们提出问题和分享观点，从而创造一个更加动态和参与性的学习环境。

定制型教学方式在高校体育教育中存在明显的局限性，包括学生的被动性、身体经验的忽视以及教育过程中缺乏互动。为了更好地提高学生的综合能力和身体素质，需要考虑采用更具互动性和具身性的教学方法，以克服这些局限性。

二、生成性教学的理念

生成性教学是一种教育理念，强调学生的主体性和创造性。以下是生成性教学的核心理念。

（一）学生作为学习的主体，积极参与知识的建构和创新

生成性教学强调学生的角色不再局限于知识的被动接受者，而是成为知识的主动建构者和创新者。这种教学方法强调学生作为学习过程的核心参与者，他们被鼓励去主动提出问题、独立思考和解决问题。

教师通过提供开放性的问题和挑战，鼓励学生去探索、实践和创新，从而在学习过程中积极建构和创新知识。这种方法强调学生的自主性和主动性，允许他们在学习过程中表达自己的观点，提出独到的见解，以及开发解决问题的新方法。

生成性教学还关注学生之间的协作和交流，认为这是知识构建和创新的重要部分。通过小组合作和讨论，学生可以相互学习，共同探索，从而在合作中深化对知识的理解和应用。

（二）学生的身体经验和感知被视为重要的学习资源

在生成性教学中，学生的身体经验和感知被高度重视，被认为是宝贵的学习资源。特别是在体育教育领域，这一理念得到了充分的体现。在这种教学模式下，学生被鼓励通过实际的身体活动和实践经验来理解和运用运动技能。这种方法与传统的理论导向教学形成了鲜明的对比。

生成性教学重视身体经验的原因在于，身体活动不仅是运动技能学习的必要部分，而且通过身体感知和动作，学生能够获得更为直观和深刻的知识理解。例如，在学习篮球投篮时，学生通过不断的尝试和练习，能够直接体验到不同投篮角度和力量对投篮结果的影响，从而更深刻地理解篮球技巧。生成性教学还强调身体感知在学习过程中的作用。学生通过对自己身体感觉的觉察和分析，可以更好地理解运动中的各种动作原理和技巧。比如，在跑步时，通过感知自己的呼吸

节奏和步伐，学生可以调整自己的跑步姿势和节奏，以获得更好的运动效果。

生成性教学中的身体经验和感知不仅丰富了学生的学习内容，还增强了他们对知识的理解和应用能力。通过这样的教学方法，学生能够在实践中学习，在体验中成长，从而获得更全面和深入的学习体验。

（三）教育过程注重互动、合作和对话，学生与教师之间建立更紧密的联系

生成性教学模式高度重视互动、合作和对话，旨在使学生与教师之间建立更紧密的联系。通过这种教学模式，教育变成了一个共建和共享知识的平台。在这种教学环境中，学生被鼓励与老师和同学进行开放和积极的交流。他们有机会分享自己的想法和观点，讨论问题，并与他人共同寻找解决方案。

生成性教学理念鼓励学生主动参与学习过程，将他们的身体经验视为重要的学习资源，并通过互动使师生之间建立更紧密的联系。在高校体育教育中，采用生成性教学方法有助于培养学生的创造性思维、解决问题的能力以及提高学生的身体素质，使他们能够更好地应对复杂的运动挑战和现实生活中的各种情境。

三、具身性教学的实践

具身性教学是生成性教学的一种具体实践方式，它强调学生的身体经验和感知。在高校体育教育中，具身性教学的实践具体体现在以下几个方面。

（一）引导学生通过亲身参与体育活动来理解知识和技能

具身性教学是一种强调通过体验学习知识和技能的教学方法，尤其适用于体育教育。在这种教学模式下，学生通过实际参与体育活动，将学到的理论知识应用于实践中。

在具身性教学中，学生的身体经验被视为重要的学习资源。例如，在学习篮球、足球或羽毛球等运动技能时，学生不仅要听讲或观看演示，还要亲自上场尝试和练习。通过这种方式，学生可以直接体验运动的动作，感受不同技巧的效果，从而对所学知识有更深入的理解和掌握。

具身性教学还强调反复的实践和体验。学生通过不断地尝试和练习，可以逐渐熟练掌握技能，并在实践过程中调整和完善自己的动作。这种学习方式有助于学生建立对运动技能的直观感知和身体记忆，使他们能够更好地运用这些技能。

通过具身性教学，学生不仅能够学习特定的体育技能，还能增强对身体的认识和控制能力，提高身体的协调性和灵活性。

（二）培养学生的身体自我意识和身体表达能力

具身性教学不仅关注教授具体的体育技能，而且着重培养学生的身体自我意识和身体表达能力。这种教学方法鼓励学生深入了解和感知自己的身体，包括身体状态、感觉、运动模式等，以便能够更有效地表达自己的身体经验。

身体自我意识的培养首先涉及学生对自己身体状态的认识和理解。在体育活动中，学生要学会感知自己的身体动作，以及这些动作如何影响他们的运动表现。此外，学生还被教导如何感知身体的疼痛、疲劳和舒适度，这有助于减少他们的运动损伤，使他们更有效地参与运动。

身体表达能力的培养则关注如何将身体感受和经验转化为有意义的表达。在体育活动中，学生通过动作来表达情感、想法和创造力。例如，在舞蹈或体操课程中，学生学习如何通过身体语言表达情绪和故事情节，这种表达方式不仅增强了运动的艺术性，也有助于学生更好地理解和控制自己的身体。

身体表达还在体育教育中的互动过程中扮演重要的角色。借助身体语言，学生能够与同伴或教师进行非言语交流，分享自己的体验和感受。这种交流方式对于建立团队合作精神和增进同学之间的理解非常有价值。

具身性教学通过强调身体自我意识和身体表达能力的培养，不仅提升了学生的体育技能，还丰富了他们的情感表达和社交互动能力，为他们的全面发展奠定了基础。

（三）通过互动促进学生之间的合作和学习

具身性教学强调在教学过程中加强学生之间的互动，从而促进合作和共同学习。这种教学方法认为，学生之间的交流和合作是学习过程中不可或缺的部分，尤其是在体育教育中，它可以有效地提高学生的参与度和学习效果。

在这种教学模式下，学生被鼓励与教师和同伴进行开放和积极的互动。他们有机会分享自己的观点和经验，一起讨论问题，并共同寻找解决方案。例如，在学习团队运动如篮球或足球时，学生需要学会如何与队友沟通和协作，共同制定策略和应对对手。这种互动不仅帮助学生更好地理解运动技能，还有助于建立团队精神和培养合作能力。

在高校体育教育中，具身性教学所强调的合作和互动对学生来说尤为重要。这种教学方法可以帮助学生更好地面对复杂的运动情境和挑战，提高他们的适应能力和应对复杂情况的能力。通过这样的学习经验，学生不仅在体育技能上得到提升，还在社交、团队协作和问题解决等多方面技能上得到了发展。

通过具身性教学的实践，学生将身体经验和感知纳入学习过程中，不仅更深入地理解了知识和技能，还培养了身体自我意识、身体表达能力和合作精神。这种实践方式有助于提高高校体育教育的教育质量，使学生能够更好地应对体育领域和现实生活中的各种挑战。

四、创造“身体生成”的具身性教学成果

为了创造“身体生成”的具身性教学成果，需要采取一系列措施，以确保学生在体育教育中能够实现知识的生成和创新，同时培养出更具身体意识和自主学习能力的学生。

（一）设计具体的教学活动，让学生能够体验和参与

在设计教学活动时，重点应放在让学生能够通过体验和参与来学习。这种方法有助于学生更深入地理解知识，并将理论应用于实践中。具体的教学活动可以多种多样，旨在提供实际的学习体验。

例如，为了教授体育运动技能，如篮球、足球、排球等，教师可以安排各种体育活动。在这些活动中，学生不仅学习技术和规则，而且通过实际游戏来理解团队合作的重要性和策略的运用。比如，在篮球训练中，教师可以安排小组练习，让学生练习投篮、传球和防守动作，并在实战中应用这些技能。

模拟情境也是一种有效的教学方法。例如，在体育课上，教师可以模拟一个运动比赛的环境，让学生扮演不同的角色，如运动员、教练员或裁判员，以增强他们对运动和团队的动态的理解。这不仅增加了学习的趣味性，还帮助学生从不同角度理解体育活动。

在实际运动项目的实践中，重视学生的个人体验也很重要。例如，在教授游泳或田径项目时，教师可以引导学生关注自己的身体感受，如水的阻力、呼吸的节奏或跑步时的步伐，以促进学生对运动技能的理解。

通过设计具体的、参与性强的教学活动，教师能够有效地提高学生的学习兴趣和参与度，同时帮助他们在实际体验中学习和掌握知识和技能。这种方法不仅增强了学生的学习效果，还有助于培养他们的协作能力和体育精神。

（二）培养学生的自主学习能力，鼓励他们提出问题和探索答案

具身性教学方法的核心在于使学生成为学习的主体，这要求学生具备自主学习的能力。为此，教学过程中应当重点培养学生提出问题和自主探索答案的能力。

这种教学方法不仅促进了学生的主动思考，还帮助他们发展独立解决问题的能力。

在实施这种教学方法时，教师可以通过提出开放性问题和设计有挑战性的情境来激发学生的好奇心和探索欲。例如，在教授足球战术时，教师可以设计一个特定的比赛情境，并鼓励学生讨论和分析如何有效地应对这一情境。学生可以被鼓励提出自己的战术，如如何安排防守和进攻、如何分配球员的位置等。教师可以指导学生如何独立寻找信息和资源来解决问题，包括教授学生如何进行有效的研究，如何评估信息的可靠性，以及如何将获得的信息应用于实际情况中。在体育教育中，这种指导可以是鼓励学生研究专业运动员的比赛视频，学习他们的技术和战术，然后在自己的训练和比赛中尝试应用。为了促进学生的自主学习，教师还应当提供必要的支持。这可能包括提供训练设备、学习材料或对学生的学习进度进行跟踪和反馈。通过这些方法，教师可以帮助学生在学习过程中获得自信，并鼓励他们继续探索和学习。

具身性教学中培养学生的自主学习能力是至关重要的。通过鼓励学生提出问题、独立探索答案并提供必要的支持，教师可以有效地帮助学生发展成为主动、独立的学习者，这对他们在体育领域乃至其他领域的长远发展都是极为有益的。

（三）建立积极和协作的师生关系，教师成为学生的引导者和合作伙伴

在具身性教学模式下，建立积极和协作的师生关系是至关重要的。在这种教学环境中，教师的角色转变为学生的引导者和合作伙伴，这种角色变化有助于营造一个更加开放和谐的学习氛围。

为了成为学生的引导者和合作伙伴，教师需要采取一种更为开放和包容的态度。这意味着教师应当积极倾听学生的意见和需求，理解他们的学习动机和兴趣。例如，如果一个学生对某项体育活动特别感兴趣，教师可以鼓励他进一步探索这一领域，并提供必要的支持。

教师还可以与学生合作，共同制定学习计划和目标。这种合作方式不仅有助于学生对学习过程有更多的控制和投入，还可以帮助教师更好地理解学生的学习需求和偏好。在这个过程中，教师可以提供个性化的指导和反馈，帮助学生根据自己的能力和兴趣选择发展方向。教师可以邀请学生参与设计课程内容，让他们提出想要学习的特定技能或运动项目。教师可以提供专业知识和指导，同时让学生在决定学习内容和方法上有一定的发言权。

在具身性教学中，建立积极和协作的师生关系是提高学习效果的关键。通过成为学生的引导者和合作伙伴，教师不仅可以提高学生的学习动力和参与度，还

可以帮助他们在学习和个人成长的道路上取得更大的进步。

生成性教学和具身性教学为高校体育教育带来了新的思路和机会。通过从定制型到生成性的教学方式的转变，我们可以更好地激发学生的主体性思维和身体体验，创造“身体生成”的具身性教学成果。这将有助于培养更具创造力和综合能力的学生，为高校体育教育的未来发展提供有益的启示。

现象学视角下中国高校体育教育的本真塑造实践路径包括生成“身体主体”的具身性教学理念、开启“身体思维”的具身性教学方式、推行“身体间性”的具身性教学方法，以及创造“身体生成”的具身性教学成果。这些路径的实践有助于提升高校体育教育的质量，培养更具综合能力和创新能力的学生，使他们在体育领域取得更出色的成就。同时，这也为高校体育教育的未来发展提供了有益的借鉴和思考。

参考文献

[1] 刘紫婷，黄红，李博. 近代哈尔滨犹太人体育文化特征对高校体育教育教学思想改革的启示[J]. 黑龙江高教研究，2014（8）：138−142.

[2] 李钰，李维彬. 民族学生就业中的民族文化影响研究[J]. 贵州民族研究，2016，37（2）：203−206.

[3] 潜沉香，付超. 中国高校高水平运动队项目布局与发展研究[J]. 体育文化导刊，2016（3）：136−139.

[4] 侯玥，安明明. 当代大学生基础文明素养存在的问题与对策研究[J]. 长春教育学院学报，2018，34（10）：34−36.

[5] 赵鸿博. 高校体育教育与健康中国战略的有机融合探讨[J]. 运动，2018（17）：6−7.

[6] 付海燕.《"健康中国 2030"规划纲要》背景下高校体育教学改革的对策[J]. 体育科技文献通报，2018，26（8）：48−49.

[7] 李素萍. 健康中国背景下对高校体育教学改革的思考[J]. 体育科学研究，2018，22（2）：85−88.

[8] 姜小平，薛岚，李启迪，等. 中非高校体育交流的历史演进及现代意义[J]. 北京体育大学学报，2018，41（2）：46−52.

[9] 林月，何茂，王越. 健康中国战略下"体医融合"高校体育教育改革探讨[J]. 高教论坛，2020（2）：66−70.

[10] 梁宇. 心理教育对大学生文明素养提升价值与途径[J]. 智库时代，2019（37）：257−258.

[11] 姚晶晶. 高校体育教学改革及人才培养模式创新研究[J]. 当代体育科技，2019，9（23）：6−7.

[12] 康喜来，李德武."健康中国"背景下陕西省高校体育教育专业学生健康素养的培养策略[J]. 西安体育学院学报，2019，36（4）：500−505.

[13] 蔡方家. 中国内地与香港普通高校体育教育专业通识教育比较研究 [D]. 武汉：武汉体育学院，2015.

[14] 孙晋海. 我国高校体育学学科发展战略研究 [D]. 苏州：苏州大学，2015.

[15] 邹媛. 美国高校体育文化中的品格教育渗透 [D]. 重庆：西南大学，2012.

[16] 岳慧灵. 中美高校体育教育信息技术应用的比较研究 [D]. 扬州：扬州大学，2010.

[17] 宗轩. 中国高校体育建筑发展趋向与设计研究 [D]. 上海：同济大学，2008.

[18] 黄成旭. 高校体育产业化的解析 [D]. 西安：陕西师范大学，2008.

[19] 刘艳娥. 我国高校体育对大学生现代化进程影响的研究 [D]. 成都：四川大学，2004.

[20] 安智艳. “健康中国”背景下山西高校体育教育专业田径普修课程教学评价体系的研究 [D]. 太原：山西大学，2021.

[21] 杜欣蕊. “互联网 +”时代下优化高校体育线上教育资源研究 [D]. 重庆：西南大学，2021.

[22] 李瑞杰. 智慧教育视域下高校智慧体育构成要素的理论与实践研究 [D]. 北京：北京体育大学，2020.